AF322585

ARTURO MEJÍA NIETO

# EL SOLTERÓN Y OTROS CUENTOS

**EL SOLTERÓN Y OTROS CUENTOS**
**ARTURO MEJÍA NIETO**

©Colección Erandique
Supervisión Editorial: Óscar Flores López
Diseño de portada: Andrea Rodríguez
Administración: Tesla Rodas—Jessica Cordero
Director Ejecutivo: José Azcona Bocock

Primera Edición
Tegucigalpa, Honduras—Marzo de 2026

# ÍNDICE

# ARTURO MEJÍA NIETO, HONDUREÑO EXCEPCIONAL

*Por Livio Ramírez/Poeta hondureño*

Arturo Mejía Nieto tiene un lugar de primera importancia en el pensamiento y la literatura hondureña del siglo XX. Paradójicamente su obra narrativa y ensayística es casi desconocida por las actuales generaciones. Residió en los Estados Unidos de América, donde se formó académicamente, Paraguay y Argentina, país este último donde publicó la mayor parte de su trabajo caracterizado por un constante y ejemplar proceso de superación. Su actividad destacada en el periodismo argentino de alto nivel es indiscutible: fue columnista del gran diario "La Nación" de Buenos Aires.

En 1938 su libro "El perfil americano", un conjunto sistemático de ensayos sociológicos en sentido amplio fue considerado "el libro del mes" por el PEN Club de la capital argentina, cuando la producción bibliográfica, torrentosa en calidad y cantidad, era quizá la más importante a nivel continental.

Como es evidente, Arturo Mejía Nieto supo vincularse al quehacer intelectual y artístico argentino sin perder su fuerte identidad de creador hondureño.

De su extenso trabajo publicado son destacables "Relatos nativos", "Zapatos viejos"[1], "El solterón", "El prófugo de sí mismo", "El Chele Amaya y otros cuentos", "El perfil americano", "Liberación", "El pecador", "Tres ensayos", y "Morazán". Los títulos citados comprenden el cuento, la novela, el ensayo teórico y la biografía analítica.

Exceptuando el lúcido ejercicio biográfico titulado "Morazán", la mayoría de sus libros están agotados. Es más que urgente reeditarlos para que su autor pueda salir de la indiferencia kafkiana y el olvido

[1] Aunque Arturo Mejía Nieto publicó en 1930 el libro Zapatos viejos, no hay ningún cuento suyo que lleve ese nombre.

calculado, dos componentes archimiserables del aldeanismo cultural que nos agobia.

Cabe destacar el extraordinario esfuerzo de Óscar Acosta, el antólogo del siglo XX, quien publicó los cuentos completos de Arturo Mejía Nieto en el año de 1998. Súmese a esto una modesta labor de difusión del Ministerio de Cultura durante dos gestiones, en las que tengo participación.

Mejía Nieto poseía una cultura extraordinaria, para comprobarlo los escépticos y las figuras pedestres del patio, que se han inventado el cuento del reciente prestigio internacional de la literatura hondureña, sólo tienen que leer algunas opiniones de rango continental y sus propios ensayos: "Estructura del cuento corto y sus leyes", "Hemingway, influencia y fascinación de su estilo", "Miseria y grandeza del cuento corto" y "Razón de ser del teatro", en ensayo incontestablemente filosófico.

Para medir nuestra barbarie cultural es necesario recordar los juicios laudatorios que en torno a su obra escribieron pensadores y maestros continentales como Alfonso Reyes y José Vasconcelos, quien afirmó que "El prófugo de sí mismo" era una de las mejores novelas contemporáneas de América.

Gabriela Mistral, Premio Nóbel de Literatura, expresó a Mejía Nieto estos trascendentales conceptos: "Me ha llegado su trabajo. Es de las cosas que más agradezco, esta lectura que me aclara, me establece y me define muchas ideas respecto a nuestra América. Y las generaciones que viviremos en este puente trágico de la transición estamos perdidas. Lo peor será servir de puente vivo, de puente de carne por donde pasarán las que llegarán. ¡Ah, y qué lucidamente ve usted esto, Mejía Nieto! Respetos y afectos de Gabriela Mistral"..

A un hombre de esta condición lo tenemos condenado al desprecio objetivo. Sobran los comentarios.

No es inoportuno recordar que en Buenos Aires se creó un concurso anual de cuento que lleva el nombre de nuestro compatriota, en un merecido homenaje a su memoria. Y aquí en su país, fuera de los citados, ¿qué se ha hecho? Lógicamente muy poco, lógicamente casi nada. Preguntémonos, entonces, cuándo se saldará esa vergonzosa deuda pendiente.

# EL SOLTERÓN

El solterón, Hilario Mendoza, fue desde niño un hijo y un hermano cariñoso. Era blanco, alto, flaco, muy ordenado y meticuloso, de expresión noble y de maneras tan sencillas, que infundía confianza desde el primer momento. Al cumplir 28 años, dejaba detrás una estela de perseverancia, de ahorros y de duro trabajo como secretario de la Gobernación Política. Era el brazo derecho de su madre, una viuda siempre quejosa, siempre lamentándose de la pobreza y de la vida. Muchas veces se podía observar que Lalo —así lo llamaba su padre— presentaba una arruga, una marcada arruga en el entrecejo. Esta arruga resultaba demasiado prematura a los 28 años. Los desvelos y las preocupaciones económicas estaban envejeciéndolo y para colmo de su desgracia, doña Teresa, la madre, murió en esta época, dejándolo esclavizado con una de esas promesas que piden algunos padres a sus hijos antes de morir y que éstos, naturalmente, no pueden rehusar. La única herencia que la madre le dejó fueron dos hermanas solteras e inútiles, la pequeña casita de adobe en que vivían y la promesa que él tenía que cumplir:

—La...lo... —le dijo con voz casi apagándose— cuídame a las muchachas...

—Claro, madre, no tenga cuidado.

—La...lo... (la voz se iba apagando), prométeme que no te casarás... hasta que se casen las muchachas. (Lalo se confundió, le parecía difícil contestar inmediatamente).

—La...lo, es el último deseo de tu madre...

—Bueno, mamá, bueno. Te lo prometo...

Hilario era un hombre tranquilo y reposado. Se acostaba temprano, nunca salía con los amigos por la noche, y por eso éstos no lo tomaban en consideración. Sin embargo, él tenía buena cabeza para darse cuenta de su porvenir y tratar siempre de mejorar su situación económica. Por las noches, después que la criada le servía la cena— las hermanas no sabían cocinar—gustaba de pasear solo, por las orillas del pueblo. Mientras caminaba solo iba urdiendo monólogo tras monólogo. Toda la vida de Lalo era un continuo monólogo. Se preguntaba él si su vida estaba bien vivida, si acaso sería mejor hacer como hacían los otros hombres de su edad: ir a los bailes —Lalo no sabía bailar— beber licor, llevar serenatas a las dos de la mañana, aun en las mañanas frías, a la novia. Hacer ostentación de una corbata nueva, de un terno nuevo. Reír, preocuparse menos de la vida, ver lo bueno y lo malo con una simple sonrisa despreciativa. O si no, seguir siendo lo que hasta ahora había sido: un hombre callado, sobrio, reservado, amigo de economizar lo poco que podía del sueldo mensual. Lalo concluía por confundirse y no atinaba cuál era la vida mejor. Luego pensaba en que acaso el matrimonio podría hacerle más interesante la vida. Pensaba entonces en la clase de mujer que le convendría.

Luego se preguntaba si las demás mujeres eran como sus hermanas, que no sabían más que empolvarse, hablar de vestidos, pensar en algún hombre y soñar, soñar...No, no, se decía, es mejor vivir soltero. La vida de soltero es muy tranquila, la vida de soltero no tiene esas interrupciones que traen las esposas cuando amanecen de mal humor... Además, se decía, aunque quiera casarme, debo cumplir la promesa que hice a mi madre. Pero puede ser que cuando llegue a los cincuenta años, me aburra mucho. No —se decía— lo que debo hacer es ir buscando novios para Enriqueta y Dolores, debo ver si por fin da casan. Después, si logran casarse, yo quedaré más libre. Si entonces lo deseo, podré vivir como hasta ahora, pues nadie me obligará a buscar mujer, pero mientras tanto, es conveniente que trate de casar a mis hermanas. Ellas siempre están enojadas conmigo. La causa es que yo no voy a los bailes y las pobres no quieren ir solas. Debo principiar a acompañarlas. Voy a hacer mal papel, lo comprendo, yo no nací para ir a los bailes. Además, soy muy sensitivo y me hieren las bromas irónicas de los amigos. Tan pronto como me vean sentado, mientras todo el mundo baila, van a llegar con una compañera y me van a decir:

—Lalo, aquí te traemos una compañera para que bailes, hombre. Estás muy triste.

Naturalmente, lo que me van a traer va a ser una vieja, una solterona, porque lo que quieren es tomarme el pelo... No sólo eso, después que me vean con la mujer del brazo, van a preguntarme que por qué no bailo; si les contesto que no sé bailar, van a insistir en que mi compañera es buena bailadora y que pruebe, que pruebe... ¡Ah, no hay cosa peor que caer en ridículo! Además, ya sé que andan diciendo por allí, que una fulana está enamorada de mí. Lo peor de todo es que hasta mis hermanas, mis propias hermanas, me hacen burla. ¡Malditas! No sé qué hacer, esta vida que llevo tampoco me satisface. Lo que yo debo hacer es, tan pronto como mis hermanas se casen, irme a vivir a un pueblo donde nadie me conozca. Voy a cultivar la agricultura, voy a criar pollos y chanchos, voy a andar sin cuello ni corbata, y me voy a hacer amigo de todos los vecinos del pueblo. Yo no he nacido para la vida de sociedad, me repugna toda esa mentira. Quisiera ver casadas a mis hermanas para irme a vivir a un pueblo.

Tengo pocos amigos, lo comprendo, y la causa es que no hay mucha gente de mi carácter que me entienda. Si yo encontrara una mujer como yo, después que mis hermanas se casen, entonces tal vez me animaría, pero de lo contrario, no. ¿Casarme con una muchacha de estos tiempos?... Nunca; ya estoy cansado de que me manden. Pero volviendo al asunto, yo creo que debo plantear bien mi vida. Por ahora, lo que debo tratar de hacer es cumplir la promesa que hice a mi madre. Pero, mientras tanto, traer hombres a mi casa, debo traerlos con cualquier pretexto para que vayan conociendo a mis hermanas. Las pobres casi me lo dicen con indirectas.

Muchas veces me dicen que sería lo mismo para ellas no tener hermano, que yo para nada sirvo. Comprendo lo que ellas quieren decir. Yo estoy seguro que Enriqueta conseguirá un novio, no tanto porque es bonita, no, Dolores es la única bonita de la familia. Pero Enriqueta es una muchacha que infunde amistad al momento; es fea, yo comprendo, pero es simpática, y creo que pronto se hará de amigos. Por lo menos, conseguirá interesar a los amigos para que sigan visitando la casa, y mientras tanto se fijen en Dolores. Indudablemente, Dolores es una muchacha bonita. Lástima que sea tan tímida, tan reservada, tan fácil que se pone coloradita cuando un hombre le dirige la palabra.

Lástima que Dolores sea así, pero indudablemente, es una muchacha bonita; no parece de nuestra familia. No sé a quién salió, nosotros no nos parecemos a ella. Voy a conseguir que el doctor Ortega, que también se está quedando como yo, venga a mi casa. No quiero que sepa para qué lo traigo, voy a invitarlo para que me haga un escrito, después le presento a mis hermanas, lo invitamos a almorzar y finalmente le digo que ya es tarde y que otro día haremos el escrito. Voy a traer a Meme Bulnes, le tengo miedo porque es muy chistoso, este tipo me va a adivinar mi propósito, todo lo agarra al aire y después me va a tomar el pelo. Pienso en lo que dirían todos ellos si supieran que mi madre, al morir, me dejó amarrado, completamente amarrado. La verdad, hay veces que amanezco un poco romántico, cuando veo una muchacha bonita hasta me dan ganas de hacerle un verso, pero la vida ha sido tan dura conmigo... Las obligaciones de familia. Además, mi deseo siempre de economizar, economizar nada porque con un sueldo infeliz ¿qué se va a economizar? Pienso en lo que yo sería si mi padre viviera.

Probablemente él habría cargado con las responsabilidades de la casa, y yo me hubiese divertido más. Claro, yo nunca hubiese sido un "calavera", porque para eso no nací, pero probablemente habría tenido tiempo para pensar en las mujeres y quizás ya estaría casado... Lo que a mí me arruina es mi carácter, soy un hombre tímido; y a las mujeres no les gustan los hombres tímidos; además, no tengo gracia para vestir, y las mujeres no perdonan eso nunca. Más valdría que yo fuera un fanfarrón, un embustero, pero con buenas maneras y con elegancia. Las mujeres prefieren a un hombre de esta clase. Bueno, realmente la vida es una cosa que nadie puede entender. Yo no estoy satisfecho conmigo mismo, pero creo que, si yo fuera un hombre de bailes, de serenatas, de bebederas, etc....tampoco sería feliz. Uno no puede ser feliz enfermándose del estómago con licor, levantándose con un dolor de cabeza después de una noche de parranda. Además, así no se puede economizar.

Uno vive únicamente el presente, pero el futuro es como el humo del cigarro, no se ve, se va desvaneciendo, y un día uno se siente viejo...Sin embargo, quizás los hombres más felices son los que tienen algo qué contar de las mujeres. Yo no tengo nada qué decir, pero quizás soy más feliz que todos. Lo único que me da temor es que hagan ridículo de mí. Es lo único que me saca de mi modo de ser. Si viviera en un pueblo, sería feliz porque todos me respetarían. Yo me sentiría libre, libre para vivir mi vida a mi antojo...

Esa misma noche, cuando Lalo volvió a su casa, Dolores le detuvo y le dijo a una señorita que estaba con ella:

—Adelaida, ¿no te conoces con mi hermano? ¿No se conocen?

—Oh, sí, nos conocemos, pero... Lalo le dio la mano. Adelaida era una mujercita frágil y conversadora. Daba la impresión de que, si se agarraba con la mano, se podía deshacer como una mariposa. Sin embargo, cuando Lalo se la dio, notó con sorpresa que se trataba de una mujer enérgica. Los dos se miraron las caras y no pudieron contener una sonrisa nerviosa:

—Usted es maestra. ¿Verdad, Adelaida?

—Sí, Hilario, ahora tengo un grado a mi cargo.

Después, en la cena, Hilario sintió un gran deseo de alcanzarle la carne, el café, los frijoles y las tortillas. Las hermanas de Hilario notaron el deseo que éste tenía en servir a Adelaida y lo dejaron, haciéndose ellas las desentendidas. Hilario no se dio cuenta de la risa burlona que jugueteaba en los labios de Dolores y Enriqueta —Dolores tenía 22 años y Enriqueta 19—. Cuando Adelaida, que tenía 24 años, se despidió, Hilario estuvo presto a acompañarla en unión de Dolores.

Desde aquel día, con sorpresa de las dos hermanas y de él mismo, Hilario llevó a sus hermanas a todos los bailes. A menudo les decía, con cierta ingenuidad, que ellas comprendían en su significado:

—¿Por qué no traen amigas aquí a la casa? Cuando no van a los bailes, deberían invitar a unas amigas. Por qué no invitan a aquella pispireta, tan inteligente. ¿Adelaida se llama, ¿no?

Después, cuando paseaba solo en las noches, sintió algo extraño en su interior. Se sentía más desgraciado que nunca y, sin embargo, más feliz que nunca... Inconscientemente pensó en que debería hacer algo para Adelaida, un regalo, una muestra de aprecio y simpatía, una gentileza que no pasara inadvertida. Creyó que Adelaida era una mujer admirable, pobre como él, inteligente y muy dueña de sí misma. Tenía unas ideas propias de gente seria que piensa en cosas trascendentales. Quizás esta mujer me comprendiera si le contara cómo soy yo por dentro, se dijo él mismo y acabó riéndose.

Desde aquel día, Lalo caminó siempre pensando en Adelaida. Cada vez que Adelaida llegaba a la casa, y él tenía oportunidad de conversar con ella, quedaba más enamorado. El eco de su voz le era familiar a todas horas: los modales de ella le parecían muy bien definidos. Era una mujer que no se confundía con ninguna. El hecho de ser pobre y de soportar a su madre de la manera que él soportaba a la suya, era una cualidad. Cada día descubría él nuevos encantos en ella. Por fin, no pudo más y le habló de su amor y de su admiración:

—Adelaida —le dijo—, yo te amo mucho, mucho y si tú me

esperas... Prometí a mi madre no casarme hasta que las muchachas se casen, y tú sabes cómo son esas promesas... ¡Hay que cumplirlas!...

—Bueno... te puedo esperar —le contestó ella sonriente.

Desde aquel día, Adelaida empezó a buscar novios para Dolores y Enriqueta. Buscaba con tanto afán como el mismo Lalo. Los dos invitaban amigos para que vinieran a la casa. Instalaron una tertulia nocturna. Compraron un juego de lotería, cartones y fichas para que vinieran a jugar una infinidad de hombres. Mientras todos jugaban, Lalo y Adelaida, sentados en una esquina de la sala, con frases provocativas, echaban madera para que quemara el horno...

Mientras tanto, tres años pasaron sin tener éxito. Adelaida, que era práctica y conocía la psicología humana, se enojaba con Dolores y Enriqueta:

—Son unas mujeres inútiles —les decía—. No sirven para nada. Yo no sé qué les platican a los hombres, que nunca vuelven después que hablan dos palabras con ustedes. A los hombres nunca hay que decirles la verdad. Hay que engañarlos siempre. Deben hacerse indiferentes con ellos, deben hacerles creer que hay otro interesado. Deben tratar de ponerlos celosos... A los hombres nunca hay que decirles la verdad. Nunca deben demostrarles que ustedes se entusiasman por ellos; deben verlos con indiferencia. Probablemente ellos han comprendido que ustedes les quieren echar mano, y por eso se han ido... Son unas estúpidas, no conocen nada de la vida, yo les voy a enseñar...

Lalo le decía algunas veces a Adelaida:

—Óyeme, Adelaida, ya me canso de esperar y las muchachas no encuentran novio. Lo que debemos hacer es casarnos... En mi casa hay sitio para dos familias. Yo no te voy a ofrecer todo lo que quisiera, porque voy a tener que soportar dos familias, pero lo principal es el amor... ¡El amor lo vence todo!

—No —le decía Adelaida— si fueras buen hijo, respetarías la promesa que le hiciste a tu madre. Además, cuando la pobreza entra por la puerta, el amor huye por la ventana... Perdona si te digo la verdad: si yo me caso contigo tendría en primer lugar que servir no sólo a ti, sino que también a tus hermanas. Tendría que vestirlas, ellas no saben ni eso, tendría que cocinar. Ellas, si no fuera por la criada que tienen, se morirían de hambre. Tendría, en fin, que hacerles todo. Además, como tú sabes, tengo a mi madre viva... De manera que yo te digo lo de siempre: te amo, te amo con todo mi corazón, pero no puedo casarme contigo hasta que Dolores y Enriqueta se casen... Prefiero mi vida de maestra de escuela, es una vida tranquila y sin mayores preocupaciones. He conversado esto con mi madre y ella piensa lo mismo.

Los dos estaban agarrados, con las manos unidas; los dos miraban las estrellas rutilando en el sereno firmamento; los dos acabaron por cerrar los ojos para no ver la realidad. Era el final...Los dos comprendieron así. Adelaida era no sólo una mujercita emprendedora y activa, sino que orgullosa como ninguna. Podría hacer cualquier cosa por Lalo después de casados, pero no iría a cocinar para darles de comer a Dolores y Enriqueta. ¡Qué esperanza! ¡Qué se murieran de hambre, haraganas!

Un largo año pasó. Dolores y Enriqueta seguían solteras. Adelaida, por el contrario, no era la mujer que se sienta a esperar el "príncipe azul". Desde aquel día, indignada contra Dolores y Enriqueta y hasta contra Lalo, se propuso casarse primero que ellos y darles una lección. La indolencia de ellos era algo que la sacaba de sus nervios. Había que moverse. Lalo también era un inútil. Bastaba oírlo enamorar con aquella manera tan poco romántica. ¡Era un inútil! Tres meses después, Adelaida se casó. Se casó con un muchacho muy joven, pero hijo único de un rico señor salvadoreño que compraba miles de novillos para enviarlos a la vecina y próspera República de El Salvador. Pablo Luque, que así se llamaba el joven, era el que manejaba los haberes de su padre y Adelaida logró casarse con él.

Cosa rara: meses después se casó Dolores. Ellas que tanto habían buscado en vano, recibieron un día la visita del nuevo administrador de rentas y a los dos meses de conocer a Dolores, se casó con ella. Ahora sólo faltaba Enriqueta. Enriqueta se sentía indignada. Dolores, la indolente Dolores, que nunca decía nada atractivo, nada que interesara a los hombres, y ella, Enriqueta, la graciosa Enriqueta, seguía esperando...

Desde aquel día, Enriqueta hizo un desesperado esfuerzo para atrapar un novio. Había que moverse. Pero la pobre luchaba sin que su propio hermano le prestara ayuda. Lalo, desde el matrimonio de Adelaida, se sentía tan desgraciado que ya ni salía a la calle. Creía que por culpa de sus hermanas lo había perdido todo, que ya el mundo no le ofrecía nada, nada. Fue tal su indignación contra sus hermanas ¡que cuando Dolores se casó, no le hizo el más pequeño obsequio. Estaba completamente indignado... Lo había perdido todo. Al casarse Adelaida se había acabado la vida para él. Adelaida era la única mujer en el mundo que lo podía haber hecho feliz y él la había perdido por culpa de sus hermanas. ¡Malditas! Sobre la casa cayó una sombra de dolor. Ya no habían tertulias, no había nada. Lalo se iba con un cigarro en la boca a vagar por las orillas del pueblo. La pobre Enriqueta se quedaba sola, a menudo se ponía a llorar, se estaba volviendo neurasténica. Cuando la tristeza era demasiada, se iba a casa de doña Fidelia, una tía de ella que vivía en la esquina. Doña Fidelia sólo le hablaba de cosas tristes, recuerdos de la vida en el pueblo cuando ella era joven, las costumbres de aquellos tiempos, las casas que se habían construido desde que ella era muchacha de bailes, etc. Enriqueta no podía soportar aquella conversación. ¡Qué horrible, Dios mío! ¡Parece que todos se proponen llenarme de tristeza!, se decía Enriqueta. Entonces, en vez de ir a visitar a doña Fidelia se iba a casa de Prudencia, una compañera de escuela. Allí, en la casa de Prudencia, hizo amistad con un primo de ésta. Se llamaba Leopoldo, él las entretenía a las dos con mentiras graciosas; Enriqueta se sentía tan alegre oyendo a Leopoldo contar aquellas cosas, que así lograba olvidar la melancolía que la agobiaba. Un día Leopoldo, a escondidas de Prudencia, principió a hacerle el amor a Enriqueta:

—Desde la primera vez que vino me gustó usted —le dijo.

—Yo no le creo a los hombres —le contestó Enriqueta.

—No todos los hombres somos iguales —le volvió a decir Leopoldo.

—Sí, dice la verdad, hay algunos buenos, pero son tan pocos —le dijo Enriqueta.

—¿En qué grupo me incluye a mí? —le preguntó Leopoldo.

—No sé —le contestó Enriqueta—, hay que conocerlo primero.

—Bien —le volvió a decir Leopoldo—, desde hoy en adelante me principiará a conocer.

Efectivamente, Leopoldo continuó haciéndole el amor a Enriqueta. A Enriqueta le cayó muy en gracia la manera de ser de Leopoldo, que por cierto no era tan graciosa. Leopoldo era un muchacho fanfarrón y vanidoso. Contaba que había peleado con muchos hombres y que los había vencido; que, en el colegio, cuando estudiaba, había llegado a ser el mejor estudiante. Que tenía grandes ideales y que esperaba llegar a ser un hombre muy rico, porque poseía mucho talento para los negocios. Prudencia, al notar que Leopoldo le hacía el amor a Enriqueta, le dijo a ésta:

—No le hagas caso a Leopoldo. Mi tío vive enojadísimo con él, es muy haragán, no quiere estudiar ni quiere hacer nada...

Sin embargo, ya Enriqueta estaba enamorada de Leopoldo. Las locuras y el modo nervioso y fanfarrón le caían en gracia. Sobre todo, sentía gratitud para él porque le hacía la vida más agradable. Cada vez que Enriqueta volvía a casa después de despedirse de Prudencia, Leopoldo la acompañaba. Un día notó Lalo que Enriqueta venía por la calle con un hombre. Cuando Enriqueta entró, Lalo le dijo muy enojado:

—¡La gente va empezar a hablar!

—No me importa—le contestó ella—. La vida con un hombre como tú es insufrible. Cada vez que vuelvo a casa me parece que estoy en un cementerio y que en él se oyen los pasos de un muerto. Ese muerto eres tú.

—Mañana no irás a visitar a Prudencia. Parece mentira que no quieras ver a tu hermana Dolores sólo porque se casó primero que tú. ¡Qué egoísmo!

—Mañana iré a la casa de Prudencia. Soy libre—le contestó Enriqueta.

A la noche siguiente fue, pero ya no volvió. Lalo se durmió tranquilo, pensando que se habría quedado a dormir en casa de Prudencia. Tarde del día siguiente se informó en casa de Prudencia que probablemente Enriqueta se había fugado con Leopoldo, pues los dos se habían despedido de regreso a casa de Enriqueta. Entonces Lalo, sumamente preocupado, principió a recorrer el pueblo, pero no encontró a ninguno de los dos. El padre de Leopoldo se puso muy indignado, puso telegramas a los pueblos vecinos, ordenando que los detuvieran, porque creía que iban de camino para otra parte. Pasaron tres semanas, y no se volvió a tener noticias de Enriqueta y Leopoldo. Lalo y el padre de Leopoldo siguieron pidiendo informes, pero no se supo más de los fugitivos.

Lalo sufrió mucho, llegó a sentirse más desgraciado que nunca. Le parecía que la mano acusadora de su madre lo señalaba con el dedo... Como de costumbre, después de la cena se iba a vagar por la orilla del pueblo. Ahora se sentía más solo y más abandonado que nunca. Cuando regresaba, después de los paseos nocturnos y entraba en su casa, no podía evitar una profunda tristeza.

La casa, en donde había corrido su niñez y su juventud, estaba ahora desierta. En la cabecera de su cama había colocado un viejo retrato de Adelaida que ésta le había regalado a Enriqueta. Antes de cerrar los ojos se ponía a ver aquella sonrisa tan característica de Adelaida. Después, se ponía a pensar en ella. No había, era imposible, otra mujer que lo impresionara como Adelaida lo había impresionado. Aquella suave sonrisa suya que apenas entreabría los labios. Luego, pensaba en lo que habría sido su vida al lado de Adelaida. Por fin, sentía unos celos terribles al recordar a Pablo Luque, el esposo de Adelaida. Dios mío, Dios mío, Dios mío, decía, ¿por qué no abandoné a mis hermanas, así como ellas me abandonaron, y me casé con Adelaida? Se sentía culpable él mismo de haber tenido la felicidad en las manos y no haberla conservado. Pensaba después en la vida del matrimonio y recordaba con pena que ya empezaba a envejecer. Es difícil que me quieran, decía; además, me estoy poniendo muy calvo, el cabello se me está cayendo, tengo una figura ridícula, estoy muy flaco y no tengo siquiera el atractivo de una fortuna. Tengo, además, un mal carácter, los que vamos para viejos nos ponemos de mal carácter. Creo que si me casara viviría en continuo pleito con mi mujer. Y si ella me echara en cara que soy viejo, que soy calvo, que no tengo dinero, entonces probablemente me volvería loco. ¡Ah, sólo Adelaida, sólo a ella le perdonaría todo, todo, todo!...

Por razones de economía había suprimido hasta la criada y se hacía él solo la comida. Soy un solterón, se decía, me río de mí mismo, soy una figura ridícula, esta vida mía no es natural, es contra la naturaleza, necesito alguien, quiero alguien que me haga pequeños reproches, pero que tenga dos brazos que me abracen en el cuello, dos labios que me besen en la boca y que me digan:

—¡Lalo!...

La vida con tanta soledad no es posible. Camino y camino en esas calles de Dios con el único fin de cansar mis piernas para después venir a tirarme en mi cama y esperar el nuevo día que será lo mismo que el de ayer. Y luego seguir cada día exactamente a los otros hasta que por fin me vaya a la tumba. Dios mío, necesito alguien con quien pueda gozar, con quien pueda sufrir; mi vida de soltero es una vida egoístamente absurda. Necesito tener alguna relación con el mundo. ¡Qué equivocación es querer vivir solo! Qué equivocados estamos aquellos que no hemos sido padres de familia. Aquellos que no hemos visto, por egoísmo o por cobardía, renacer nuestras propias vidas en retoños nuevos. Aquellos que no hemos sentido la suave mano del hijito juguetear por nuestra frente. ¡Ah, ya estoy viejo y no soy más que un ridículo solterón! Debí haberme casado; ahora tendría quien me acompañara en esta casa desierta. Pasar con mi esposa las largas veladas en casa, sin tener que echarme a vagar como un insano por esas calles de Dios. No hay, Dios mío, peor soledad que la soledad entre muchos. Si alguna vez he sido egoísta de mi soledad, Dios castiga a los cobardes que no supieron echarse a cuestas la vida de una noble compañera que nos alegrara el viaje. Pero ahora ya es tarde; he cumplido muchos años, y desde niño sufro el temor de ver el ridículo, como una espada de Damocles, sobre mi cabeza. Soy muy sensitivo, tengo una sensibilidad enfermiza.

No quiero que la gente se ría de mí y temo mucho más que mi propia esposa se ría. Estoy en la tarde de mi vida, y no tengo más remedio que soportar la soledad que yo mismo me labré. Soy una víctima de mis hábitos y costumbres de solterón que ya nadie puede cambiarme, debo seguir como hasta ahora he seguido. Pero en mi corazón se queja la voz del vacío; en mi corazón se queja la voz de una soledad que cruje como las ramas de los árboles cuando se quiebran, como la dolorosa voz del viento cuando se oye en las frías heladas de noviembre. Solo, completamente solo, mi corazón sufre las consecuencias de mi idiosincrasia, de mi timidez, de mi excéntrica naturaleza que tuvo miedo de las mujeres alegres, de las risas alegres, de la sociedad de los hombres, de la sal de la vida. Estoy solo, y en mi orfandad se oye la voz de mi corazón que se lamenta como las aves que se mueren de frío. Estoy solo y no tengo más que mi monólogo por las noches y mi cigarro viejo metido en mis labios, y este mueble donde paso las noches en vela...

Una vez llegó una carta para Enriqueta. Lalo reconoció que era letra de Adelaida. Venía de la vecina república en donde Adelaida vivía con su marido. Al mes de tener la carta guardada, como no se recibían más noticias de Enriqueta, Lalo decidió abrirla. La carta era, efectivamente, de Adelaida, escrita con letra fina y pequeñita, muy propia de ella. Lalo leyó la carta. Decía, entre otras cosas: "Vivo muy feliz con Pablo, él me quiere mucho y yo vivo muy enamorada de él. Te cuento que ya tenemos dos niños; el mayor lo tenemos estudiando en la capital y de él recibimos magníficos informes. El otro vive con nosotros y va al colegio. Me gustaría mucho que ustedes vinieran a visitarnos a nuestra casa... mi marido también quiere que vengan. Si ustedes no pueden venir, que Lalo nos haga una visita. Supongo que sigue soltero. Vieras cuánto me preocupo por tu hermano; me gustaría verlo casado y feliz. Es tan bueno, digno de mejor vida... Me parece que el pobre vive muy tristón...Aquí tengo una amiga, le he hablado mucho de él y creo que le gustaría. Ella también es una solterona, pero guapa, etc."

Cuando Lalo acabó de leer la carta, se quedó mucho tiempo en silencio. Luego se le ocurrió imitar la letra de Enriqueta y contestar la carta. Agarró la pluma e imitó la letra de Enriqueta tan admirablemente que él mismo se sorprendió. Entre otras cosas le decía: "A propósito de Lalo, te cuento que por fin se casó, ya tiene dos hijos como los tuyos, lindos. Van a la escuela y son el vivo retrato de Lalo. Él los adora. La esposa de Lalo se llama Alicia, es una mujer muy hermosa, muy trabajadora y Lalo la adora. Me ha recomendado que te salude mucho y que se alegra de saber que también tú eres feliz en tu matrimonio", etc.

Después que Lalo terminó de escribir, se quedó en silencio largo rato. Cuando levantó la cabeza, notó, muy sorprendido, que tenía lágrimas en los ojos. Entonces sintió vergüenza de las lágrimas y se puso a reír extrañamente. Luego agarró el retrato de Adelaida y lo rompió en mil pedazos, con cólera...

## EL INCIDENTE CON LOS CASTRO

Hasta el tiempo en que cortejé a mi mujer, yo no supe lo que eran sufrimientos. La vida, sin embargo, me castigó después. La Angela, hermana de mi esposa, y el viejo Castro, su marido, me aborresían[2] porque de mí no sacaban ventaja. Los dos le habían metido ideas en la cabesa a la Lusía, mi mujer, pero ella no les hasía caso. La Lusía me quería por amor y no por mi dinero. ¡Qué diablo!, yo no era lo que ellos le contaban de mí. Es verdá que había estado en la cársel, pero eso jué por chismes de los enemigos. El chisme salió de un tal Eusebio Rivas, ¡que el diablo lo tenga en el infierno! El tal Eusebio tenía unos cuantos animales lindando con mi potrero, los animales rompían el alambrado y se metían a mis propiedades y me comían el mais. ¡Yo no podía quedarme así nomás! Una noche, con deseo de vengansa, porque el tal Eusebio no ponía el remedio, me juí a remediar las cosas yo mesmo con mi propia mano. Lo que hise jué irme a dormir al rancho que tenía en el potrero y en una sola noche le machetié con mi machete "Colis" dos toros y una novilla. Al día siguiente, amigo, viene el tuerto Eusebio a preguntarme que si yo era el macheteador del ganao. Le dije que sí y que me tenía a sus órdenes. A la mañana del otro día, mientras me desayunaba, cae un inspector y dos soldados:

—¿Está aquí don Endalesio Flores?

—Con él habla, buen hombre.

—Que se le sita para una declarasión.

Me juí con la escolta. Llego y me piden declarasión. Les dije que yo era el que había macheteado el ganao. Les dije que el tuerto Eusebio hasía algún tiempo que me estaba amolando con sus animales y que como él no había puesto el remedio, yo lo había arreglao todo con mi propia mano. Bien, me ponen en la cársel por unos cuantos meses y por fin salgo en libertá. No traiba ideas de vengansa. Le había macheteao el ganado, me habían puesto preso. Estábamos pagaos.

[2] Se respeta el estilo que Arturo Mejía Nieto eligió para este cuento, así como en el siguiente.

Pero el viejo Castro y su mujer, la Angela, le contaban a la Lusía que yo había estao en la cársel por ladrón, por "roba—vacas". La Lusía no les ponía atensión y yo mesmamente le conté el cómo y el porqué de todo el asunto. Bien, la muchacha me quería y aunque con muchas dificultades, logramos arreglar el matrimonio. La Lusía era una muchacha capás de enloqueser a un cura, una muchacha blanca, alegre, rosagante. El viejo Castro y la Angela cuando supieron mi matrimonio tuvieron que aseptarlo todo y se conformaron. Luego después nos mandaron una yunta de bueyes como regalo de boda. Asepté el regalo y les mandé a informar que mi hogar estaba abierto para en cuando quisieran venir a visitarnos. Que después de todo, mi mujer era hermana de la Angela y que por lo tanto quedábamos emparentaos. No se hisieron esperar, una semana después el viejo Castro y la Angela vinieron a hacernos una visita. Dende el primer momento aparesieron cariñosos y deseosos de hacer amistá. Yo los resibí con bondá y mi mujer, la Lusía, hiso lo mesmo. Para no cansarlos, seguimos visitándonos de cuando en ves. El viejo Castro era un pelao que no tenía ni cuero en que cáir muerto. No era capás de amasar fortuna, era un haraganaso.

Pues bien, venía siempre y se interesaba por mis negocios, le contaba yo como iba la cosecha del mais, le contaba los esperimentos que hasía para sacar buenos muletos y le hablaba de mis proyectos en el ordeño de 60 vacas que mantenía y de lo que preparaba para el año prósimo. El viejo Castro me oiba con entusiasmo y siempre me elogiaba lo mío. Tan entusiamao me paresió que le juí criando cariño y hasta me paresió un cordero en ves de un tigre como antes me había paresío. Yo le informaba de todo lo que tenía en propósito y hasta le pedía sus consejos, que él nunca me negaba. Una ves me pidió 50 pesos, que no tenía, pero que yo mandé a pedir a un amigo solo pa prestárselos. Otra ves me compró 20 novillos de año y cuando se llegó el momento de pagarlos, me resultó que no había juntao todo el dinero, pero que luego me pagaría.

Finalmente llegó al abuso. Sierta ves mandé unas mulas a trair un hijo de la primera esposa que tenía en la capital estudiando y que venía en tiempo de vacasiones. Pues resulta que el viejo Castro iba también a la capital con el fin de que le hisieran efectivos unos resibos atrasaos que le adeudaba el Gobierno, iba mal montao y en el camino se le cansó la mula. El criado que yo mandaba era un pobre indio que no sabía ler. El viejo mentiroso le mostró un telegrama al indio disiéndole que el telegrama era mío y que en él le ordenaba darle a él la mula de silla pa que pudiera seguir el viaje. El indio creyó lo que el viejo le desía y le entregó la mula. Después me pidió disculpas. Yo lo perdoné, pero quedé en guardia pa cuando él me pidiera otro favor. Me adeudaba más de 100 pesos y no tenía esperansas de recobrarlos. Yo lo hasía todo por la Lusía, mi mujer, que siempre me aconsejaba que le diera lo que él me pidiera. Pues bien, luego después de lo que hiso con mi mula, viene y me pide la fianza pa un dinero que le iba a sacar prestao a don Anacleto, un viejo que lo conosía bien y no le créiba ni el bendito...

—Veya, amigo Castro —le contesté—. Siento mucho, pero esta ves no viá poder ayudarle.

—Me estraña tu modo, Endalesio —me contestó.

—No hay rasón pa estrañarse—le repliqué.

—Rasón hay —me volvió a desir— vos no sos un pelao pa negar unos pocos sentavos.

—La verdá, amigo Castro —le volví a desir— tenemos cuenta pendiente.

—Pero ya te viá pagar. ¿Qué estás pensando? ¿Que no soy hombre honrao?

—Yo no digo que no es hombre honrao —le contesté—. Lo que digo es que ya me adeuda bastante y no quiero comprometerlo más...

—Pero hombre, Endalesio —me respondió— somos parientes. Ya sabés que si no juera yo, vos no te casás con la Lusía. Vos sabés que mi mujer y la mesma Lusía sabían que vos estuviste en la cársel por... bueno, no hay que recordá nada. Yo traté que la muchacha no pensara mal de vos. Les dije que eras trabajador, con dinero y demás...

Cuando el viejo concluyó de hablar así, yo tenía la sangre en la cabesa. Nunca en mi vida me he puesto tan bravo como en aquella ves.

—Veya, viejo —le contesté—, usté no ha hecho más que hablar mal de mí. Mi mujer me ha contao que usted le dijo que yo había estao en la cársel por "roba—vacas", usté bien sabe que esa no jué la causa. Usté es un viejo chismoso, sin vergüenza y tramposo. Yo ya sé que lo que me debe no me lo viá a pagar y si ahorita no le presto es porque no quiero tirar mi dinero así nomás. Usté me ha calumniado y después se ha venido a meter en mi casa. ¡Salga, viejo sucio y chismoso, salga!

El viejo salió, agarró su sombrero y se jué. Yo quedé después preocupao. No por el viejo tramposo y sin vergüenza, sino por el dinero que le había prestao. Hablamos con mi mujer del asunto y ella me dijo que había hecho mal:

—Ya tenés un enemigo que te viá calentar la cabeza —me dijo.

Efectivamente, el viejo Castro era un hombre peligroso. No porque juera valiente, sino por la lengua. Dende aquel día él y la mujer Angela quedaron de grandes enemigos de nosotros. No volvieron a visitarnos y cuando me encontraba con él o con la Angela, me daban la espalda. Con mi mujer hasían lo mismo. Pero no contento con esto, lueguito me vinieron los cuentos de ellos. Un buen amigo, Sinforoso, muy buen amigo de nuestra casa, jué uno de los primeros que se volvieron enemigos en contra de nosotros. Yo estrañaba la causa. Sin embargo, un sirviente muy avisao que yo tenía descubrió la causa del enojo. Susedió que en el pueblo estaban construyendo una carretera por cuenta del Gobierno. La carretera cambió de direcsión y en ves de pasar por el pueblo se resolvió que pasara por uno de mis terrenos. Los ingenieros vinieron a mi casa y me esplicaron que por cuestión de economía de trabajo y fasilidá preferían echar la carretera por mi terreno, que el pueblo quedaba muy distanciao y la vuelta era muy grande. Yo asepté y por desgracia los ingenieros vinieron y se hospedaron en mi casa mientras hasían el traso de la carretera. El viejo Castro aprovechó la oportunidá y salió a contar a todo el pueblo que yo había conquistao a los ingenieros pa que no echaran la carretera por el pueblo:

—Si quieren estar seguros vayan a ver a los ingenieros en casa de Endalesio —les contaba. Todos se echaron de enemigos míos y de mi mujer. Bien, yo trataba de esplicar, pero cada uno me desía que el viejo Castro, siendo mi pariente, estaba en el fondo de las cosas y que él había contao la verdá a todos en el pueblo. Le conté a mi esposa y ella me aconsejó ir de visita y desir al viejo Castro y la Angela que era una injustisia, que todo el pueblo estaba en contra de nosotros y que íbamos a tener que abandonar el pueblo. Pues bien, juimos y la Angela tuvo la audasia de asegurar que lo que se desía era cierto:

—Claro —le dijo la Angela a mi mujer—, claro, como tu marido es rico bien se pudo comprar a los ingenieros pa que echaran la carretera ande más le convenía...

—Mujer, qué estás disiendo —le respondió la Lusía—. Ustedes son unos mal agradesidos, no tienen corasón, ingratos. Tu marido no debía pagar con esa moneda después de todos los favores que le deben a mi esposo...

—¿Favores? —le respondió la otra más brava que una perra—, que se conforme con haberse casao con vos... ¡Que se acuerde que es un presidiario y que lo mejor que puede haser es quedarse con la boca serrada!

No pude contenerme y le respondí yo:

—Angela, tu sos una mujer susia, chismosa. Agradesé que sos la hermana de mi mujer... Pero te recomiendo ésto: si me vuelves a calumniar vos o tu marido, me viá a vengar. Viá a gastar todo, hasta el último sentavo para vengarme. Son unos pelaos y por la mala fé nunca tendrán nada. I vos, viejo, te regalo el dinero, te lo doy como limosna...

Nos volvimos a nuestra casa y dispusimos que juera la última vez que íbamos a visitarlos. Dende aquel momento, la vida de nosotros jué una continua guerra contra los Castro. Veya, si no hubiera sío porque quería mucho a mi mujer, casi me hubiera arrepentío de haberme emparentado con una hermana de aquella víbora que se llamaba Angela. Pues ahora verá: en el pueblo la gente nos miraba mal, el alcalde electo, para pior desgracia, era un buen amigo del viejo Castro. Por cualquier motivo me mandaba a pedir contribusión. Si era tiempo de guerra, yo tenía que dar mulas aperadas y criados. Si era cuestión de dinero, yo era el primero en la lista y tenía que aflojar bastante. Ya me empesaban a salir canas y lo pior de todo era que todo el pueblo estaba empesinao en contra de yo y mi mujer. El asunto de la carretera no lo olvidaban ni un momento. El viejo Castro por otro lao seguía con el deseo de sacarme dinero. Llegaba muy amenudo un tal Jorge Serrato, un borracho, y me contaba que el viejo Castro sabía que tramaban un plan para robarme unas cabesas de ganao, pero que no podía informarme personalmente por el enojo mío:

—Veya, don Endalesio —me desía el borracho—, yo le aconsejo que haga amistá con su pariente, el amigo Castro, es un hombre que siempre sabe los secretos del pueblo y de todo lo que se planea pa robar a los vesinos.

—Claro —le respondía yo—claro, si él es el ladrón...

—No seya tan empesinao con su pariente —me contestaba el borracho.

—Cómo no viá a ser si él me debe tantas que no me pagará ni con la vida —le desía.

—Veya —me desía el borracho— tenga pasencia don Endalesio. Le viá a desir la verdá, el señor Castro me manda a verlo. Dise que tiene nesesidá de unos 20 pesitos pa pagar el médico, que tiene la mujer enferma, y que como hermana de su señora que es, sería una ingratitú que usté la dejara morir. Que él no guarda rencor en contra de usté. Que siempre está listo pa servirle en lo que nesesite, pero que usté es un hombre muy rencoroso. Que eso que le cuento de que hay un plan pa robarle unos animales es muy sierto. Que él está en los pormenores de lo que van a haser, que son los hermanos Villanueva y otros... pero que no puede venir a contarle todo porque usté puede creer que él anda metío en el robo... Yo creyo que usté debe ayudarle, entre parientes todo se perdona. Veya, don Endalesio, mándele el dinerito, la mujer se le está muriendo por falta de medisinas, le ha dado un dolor de barriga dende hase tres días y naide atina lo que le pasa. La mujer piensa que se ha tragado una aguja, pero no hay seguridá y con la falta de dinero nada se puede haser. Ya usté sabe que los médicos siempre van tras el dinero... Veya, don Endalesio, dele el dinero y déjelo que venga a contarle lo que planean sus enemigos en contra de usté.

—Hombre Jorge —le respondí— te viá a dar los veinte pesos, pero con condisión. Tomá los veinte pesos, pero no quiero que él ni vos vuelvan a mi casa...

—Está bien, don Endalesio —me contestó el borracho. Pero no jué solo Jorge quien vino. En la noche llegó una criada de nombre Eulalia. Estaba yo senando con mi mujer cuando la criada apareció llorando:

—¿Qué te pasa,mujer? —le preguntó la Lusía.

—Ay, niña Lusía, su hermana se nos está muriendo.

—¿Quién? —le preguntó mi mujer que ignoraba todo.

—Su hermanita Angela, la mujer de don Pancho Castro.

—¡Virgen Santísima! —respondió mi mujer. I luego dirigiéndose a mí:

—Ahora no hay más remedio que ir a esa casa.

—¿Qué le duele a tu patrona? —le pregunté.

—Creen que se tragó un alfiler —respondió la mujer.

(El borracho Jorge había dicho que era una aguja y ésta desía que era un alfiler):

—El patrón dice —dijo la mujer dirigiéndose a mí— me recomendó el patrón, don Pancho Castro, que le preguntara si usté sólo mandó 5 pesos con Jorge para gastas de medisina.

—Yo mandé 20 pesos —le contesté.

—Es que Jorge sólo llevó 5...

—La culpa es de tu patrón. ¿Pa qué se mete con Jorge? ¿Por qué no viene él mesmo?

La Lusía se puso muy nerviosa y por miedo de que la jueran a molestar con insultos y cuentos, tuve que acompañarla a casa de los Castro. No sé realmente si la Angela estaba enferma, yo más creyo que se hiso la enferma. Lo sierto es que cuando llegamos, la mujer dijo que se había tragao un pedazo de vidrio y que no era ni alfiler ni la aguja. El viejo Castro nos quería comer de tanto cariño, espesialmente conmigo:

—Hombre Endalesio, qué te parese que hagamos. Yo en este mundo no tengo más ayuda que la tuya, estoy trastornao. Mi mujer se ha tragao algo, dise que siente una cosa fea que le anda en el estómago y que no atina qué cosa se ha tragao.

—Pero hombre —le dije— unos disen que un alfiler y ella que un vidrio—, ¿qué diablos se ha tragao en fin de cuentas?

—Cualquier cosa que sea —respondió el viejo sínico con seriedá—como buen pariente que has sío, quiero que me fasilités algún dinerito pa atender a las primeras curasiones. Yo, ya sabés que tan pronto como me pague el Gobierno, te pagaré. Sos mi único pariente y amigo y por eso te molesto...

Esto me lo dijo el viejo en frente de mi mujer y no pude negarme. Le dejé sien pesos y con lo que le dí en los días siguientes y lo que le dió mi mujer llegó a sumar 500 pesos. Por fin me canséde tanta generosidá pues los préstamos venían diariamente, y me juía visitar al Doctor Fiallos. El me dijo la verdá:

—La mujer de Castro —me dijo—no ha solisitao mis servisios.

—Pero si no hay más médicos en el pueblo —le contesté— y yo les fasilité dinero para que pagaran al médico, la mujer se había tragao un vidrio...

Fui esa noche a ver a los Castro y encontré a la mujer alegre y sana, como esperaba verla. Creí que se seguían riendo de mí y no pude contenerme:

—Señora —le dije— usté y su marío siguen siendo tan sinvergüensas y tan mentirosos como siempre. Siguen robándole el dinero a los parientes y después los van a calumniar con todo el pueblo.

—Oye Endalesio —me respondió el vejo— el otro día se habló de echarte ajuera del pueblo. Todo el mundo sabe que vos pagaste tus buenos sentavos a los ingenieros que vinieron a haser el traso de la carretera y los conquistaste para que, en ves de echar la carretera por el pueblo, la echaran allá por tus terrenos para beneficiar a vos solo. Yo les hablé en defensa tuya:

—Es sierto —dijo la perra, la Angela— es sierto, Endalesio, usté con su dinero puede haser todas las barbaridades que su riquesa le permite, pero no se acuerda que de repente le puede ir mal. Con el pueblo no se juega así nomás. El otro día mi marío lo defendió de una que le iban a dar. Si no juera mi marío talvés ahora no estaría vivo. Usté debía agradesérselo. El, como es tan modesto, no ha querío desírselo. Pero ahora se lo dise porque usté viene a desir que yo no estao enferma después de haber estao en la orilla del sepulcro.Su dinero... no tenga cuidao, se lo vamos a devolver. Mi marío tiene presente todo lo que le adeuda. No se preocupe, nosotros no somoS los que pagamos ingenieros para robar los benefisios del pobre pueblo y enriqueserse más de lo que está. Nosotros tenemos corasón... el dinero no nos siega, señor don Endalesio. ¡Acuérdese de su pasao y cállese que eso es lo que más le conviene... ¡la prudensia!... Veya que en cuestión de enemigos usté no anda más pobre que en cuestión de dinero... Así es que ya le digo...

No pude oír más a aquella víbora. Sentí con toda mi alma que juera una mujer. Me acordé que era una mujer y no hubo más remedio que salir. Mi mujer y yo convenimos que lo mejor era despedirnos para siempre de la casa de los Castro. Que si se morían que se murieran. Nunca más volví a pasar por la calle de ellos, ni ellos se volvieron a acercar por la casa de nosotros. Es desir, no volvieron a pasar, pero siguieron molestando. Unos tres meses después de lo que le he contao, llegó un día la criada Eulalia. Dende que la ví venir, ya sabía que algo malo la traiba.

—¿Qué quieres? —le pregunté.

—Aquí manda el patrón, para usté.

Abrí el papel que me traiba la mujer y tuve la pasensia de 1^er^. Era la mesma letra del viejo Castro: "Querío Endalesio: Te escribo pa ponerte en guardia. Te cuento por el parentesco ya que no por la amistá dende que vos nunca me has querío. Con Jorge te mandé a informar que hay la intensión de robarte ganao. Por carta no te puedo esplicar, pero si venís esta noche podemos ir juntos ande mi amigo López, pa que nos ayude con la autoridá. No vaya a ser que te roben las vacas. Te saluda tu pariente. Pancho Castro".

—Dígale —le dije a la mujer— que probablemente él es quien me quiere robar los animales, que ya voy a prepararme pa meterlo a la cársel. ¡Que él es el ladrón!

La criada se jué con la rasón que le mandaba y me quedé esperando el tiro que no se hiso esperar. ¡Jué mucho más sertero de lo que me imaginaba! Veya lo que hisieron: Se junta el viejo Castro con mi antiguo enemigo el tuerto Eusebio y se proponen darme una mala pasada. Se vienen los dos una noche, el viejo Castro y el tuerto Eusebio y traman el plan de echarme como el autor de un delito. Lo que hisieron jué que mataron una vaca gorda del finao Cornelio López, cerca de mis potreros pa que aparesiera como que yo había matao la vaca. Después, como que si aquello juera poco,le sacan el cuero al animal y lo entierran adentro de mi potrero. Cuando hisieron la maldá se jueron al pueblo a declarar que me habían visto destasar una vaca mora, con cachos arqueaos, del finao López. Bueno, ya verá: viene la autoridá y me ponen preso. Yo dije que nada sabía. El viejo Castro y el tuerto Eusebio declaran en mi propia cara que ellos me habían visto y que ellos sabían ande mero había enterrao el cuero. Pues, amigo, pa no cansarlo, me llevan amarrao y delante de mis ojos, en mi propio terreno, sacan el cuero que ellos mesmos habían enterrao. Además del viejo Castro y el tuerto Eusebio tenían un sirviente del viejo Castro en contra mía y yo sólo tenía a mi mujer.

¡Veya lo que es la maldá de algunos hombres! Me llevan a la cársel y me sentenséan a sinco años de prisión. Mi pobre mujer habló y lloró, pero no hubo defensa. El abogao que nombró mi mujer tampoco pudo hacer nada en mi favor. Pues bien: estos sinco años jueron los que más me dolieron, no tanto por mí, cuanto por lo que sufrió la Lusía. Imagínese que tan pronto como me vieron preso, la Angela empesó a visitar a mi mujer y a hablarle de que ella sentía lo que me pasaba, que el viejo Castro debió serrar la boca cuando me encontró destasando el ganao robao.

Pero no jué sólo aquello: el viejo Castro y el tuerto Eusebio empesaron a concluir con mi fortuna. Al poco tiempo aparesieron como hombres adineraos; dueños de ganao y dinero. Veya lo que hasían: mi pobre mujer que nada sabía de cosas de hasienda, abandonó todo y como a mí me tenían incomunicao, tampoco podía sacarme un consejo. Mientras tanto el viejo Castro y el tuerto Eusebio se dedicaban a poner sus fierros a los terneros y potrillos de mi hasienda antes de que mis criados lo hisieran. El viejo Castro llegó hasta conquistarse a mi mayordomo, y los dos con el tuerto Eusebio acabaron con todo. Cuando salí de la cársel, mi mujer hasía tiempo que estaba enferma en cama, de tanta injustisia, los ladrones disponían de mis propiedades y e1 viejo Castro se había ido bien adinerao a vivir a otra parte.

Tuve deseos de irme a vengar. Mis ojos se encontraron con la mirada de mi mujer, enferma en la cama:

—Perdónalos —me dijo— yo ya loshe perdonao...

—¡No! —le respondí— que viá a perdonar, los seguiré ande quiera que estén pa vengarme.

Tres días más tarde, vino a verme el amigo López, dueño de la vaca que habían destasao en mi potrero.

—Endasesio —me dijo con cara cariñosa—, vengo a ver qué recompensa querés por los años que has estao en la cársel por culpa de mi vaca...

—Recompensa?

—Sí, hombre. El viejo Castro y el tuerto Eusebio vienen presos. ¿No sabías? Han aparesío sinco testigos que los vieron destasar mi vaca en tu terreno... ¡De manera que si se prueba que ellos jueron... ¡cómo yo espero!...

—Pues yo —le contesté con cólera— ya no podría quitarme ni con la ayuda de Dios, los años que me tuvieron zampao en la cársel... pero si ponen preso al viejo Castro, me gustaría como recompensa que me lo manden a mi casa...

El viejo Castro, como era de justisia, declaró la verdá y jué a parar a la cársel. Después de unos meses me lo mandaron, con una cadena amarrada en el pie.

La Angela, así que le vido preso, se le alsó con un forastero y nunca más volvió, pero yo me conformé con ver humillao al viejo Castro... Era tan orgulloso que se ponía rojo de vergüenza cuando yo me ponía a verlo trabajar en mi huerta...

## EL FORASTERO

### (Referido por "Nicomedes", un campesino indígena de Centro América)

Era el verano'e hace añoh. En el pueblo'e San Ignacio se vía valle y mah valle, el cerro, algunah haciendah en el valle y muchoh' árboleh' cortadoh en el cerro. En loh' díah' anteriore' áiba hecho un calorazo ¡Jessuh Santísimo!, pero esa mañanita áiba principiao a refrescar. Los hombreh sentían la picazón en lah manoh' e agarrar el hacha por ir a cortar loh' troncoh' e morro en el valle'e pino en la faldah' el cerro.

Poco ganado se miraba, como eh la custumbre cuando viene la sequíah'el pasto, loh animaleh se retiraban pa tierra mah alta, hasta la montañah ande la hierba siempre eh verde y fresquita.

Los vecinosh'e San Ignacio oiban la sigarra. Había sío tal el calor en loh diah anterioreh' que la tierra seca, sin hierba se áiba rajao como con los tembloreh' e tierra.

Los vecinoh que apenah hacían un poco'e trabajo en lah haciendah, hacían provecho' el fresco día' e hoy pa salir al campo. Unoh, campistah, cruzaban el valle a cabayo y con güena soga, asegún la costumbre, enrollada en lah ancah', el cabayo.

Otros, con bueyeh, se vían en el valle, silbandoh mientrach la yunta'e güeyes seguían loh pieh', el carretero.

Pero asegún la custumbre, los mah quedaban en suh casah. Los mah importanteh se juntaban en la tienda'e Nor Juan pa hablar'e noticiah'e la capital, noticiah'e política'e el gobierno'e los empleadorh' el gobierno. Pero también cuestioneh'e robo'e ganado, costo'e maih y loh pleitoh'e tierra.

Pueh bien, agora principia mi cuento. En esoh díah'e calor asomó en el pueblo un jóven'e nombre Florencio Aguilar. Sabía ser alto, juerte, galán muchacho, algo namorao. Lo mandaba su padre a mercar vacah gordah en San Ignacio:

—Hijo, vas a San Ignacio a casa'e mi amigo don Vicente Pinto. No me compreh un animal por más 'e 40 pesoh—le recomendó el viejo al tal Florencio.

Florencio, güen muchacho, le cuadraba a su gusto y placer, la vida 'el campo y loh animaleh. Había hecho buenoh amigoh en la gente 'e San Ignacio.

Un amigo 'e Florencio era don Esteban Chirinoh, hombre viejo, juerte como un toro, muy güena persona.

Pueh bien, agora verá. Florencio, con el calor'el día, quiso ir al campo. En eso, se asomó pu ay Nor Esteban Chirinoh. Nor Esteban llevaba hacha y machete y un pión, un güen indio'e nombre Ezequiel.

—Adioh, don Esteban. ¿Necesita otro pión?

Nor Esteban lo miró y lo miró...

—De verah. ¡Palabra que quiero ir! ¡Palabra! Quiero recordar mih tiempoh cuando hachaba...

—Hombre Florencio—jue la contesta'e Nor Esteban—hombre Florencio, ya veo que andah estrenando saco y demah... a mí no me cuadra tener un pión tan güen trajeao... Nosotros estamoh haciendoh una milpa en el cerro..., ¿Le parece?

—¡Claro! —jue la contesta'e Florencio—claro que me parece...

Nor Esteban se riyó con ganah.

—Lo mejor eh que no vaya, Florencio.

—Ugg, no hay nada que hacer, don Esteban.

—Buenoh, vamoh, hombre—dijo Nor Esteban—pero primero te quitah ese saco, losh calsoneh y la corbata. No olvideh que vamoh a trabajá.

Con gran gusto pa Nor Esteban, resultó que Florencio sabía ser güen hachador. El hacha'e Florencio se oiba ocho leguah a la redonda. ¡Qué güen brazo 'e muchacho! ¡Santo!

Cuando en la tardecita, Nor Esteban y loh otroh trabajadoreh se jueron 'e güelta al pueblo, Florencio dijo que se iba'e güelta despueh que echara una miradah al valle.

—Bueno, hombre—jue la contesta'e Nor Esteban—, pero no vah a ver nadita, mirá que está anochesiendo... ¡Soh hombre raro, Florencio!

Florencio, así que se vido en la soleá'el valle, se dió a caminar por lah haciendah vecinah.

Cuando asomó cerca'e la loma, se paró. La memoria le aclaró y se acordó, asegún lo que le áiba contao Nor Esteban, que el potrero'e la derecha era terreno'e Nor Teófilo Butierreh. Nor Teófilo era otro gran hacendao, 'e güena alma, güien hombre como Nor Esteban. Florencio era amigo, algo amigo'e Nor Teófilo. Pensó Florencio:

—El hacha que se oiba era el hacha'e Nor Teófilo—eh lo que me platicó Nor Esteban. Que el viejito estaba achando. Si lo encuentro me voy con él pa el pueblo. Pero, ya rato que no suena el hacha...

Así meramente pensaba Florencio. Pensar y hacer jue una, se metió en el potrero por ver si estaba el viejito adentro. Llamaba con toita su juerza: ¡Hooooy don Teófilóooo! ¡Hoooooooy don Teófilooooo! Llegó hasta mah arriba'el cerro. Naide contestaba, no se vía ni un cristiano pu todo aquelloh alrededoreh. Florencio gritaba: ¡Hoooy don Teófiloooo! Florencio créiba que ya Nor Teófilo estaba de güelta en el pueblo y se puso de regreso... caminó pa el lugar ande el viejito áiba trabajao. Cuando llegó al lugar encontró que ay mesmamente estaba don Teófilo, pero estaba muerto... ¡Ay, Señor Todopoderoso! El güen hombre que áiba sío toa su vida, estaba tendío, con la cara pa arriba, muerto... ¡En la frente tenía un hachazo, ipe qué hachazo tan sin piedá! Florencio —decía después— que se tapó la boca pa no gritar de puro horror, que le dió ver. La sangre entoavía caliente, le chorreaba pu la cara. ¡Dios mío qué barbaridá 'e matar a un güen hombre así! La hormigah le subían y loh cuteh daban güelta volando por sobre la cabeza'e Florencio. El susto'e Florencio no le daba tiempo'e ver lo que podía hacé. Dejó el hacha sobre el suelo y pulsó a levantá el cuerpo. Luego cambió la idea. Dejó al muerto y salió barajustando pa el pueblo a contar lo sucedío. Cuando llegó al pueblo tráiba el muchacho la cara tan blancah, loh ojoh un puro susto y el sombrero lo áiba perdío. Parecía que áiba perdío el juicio. Asegún su costumbre se jué pa la casa en que paraba, la casa'el finao Vicente Pinto.

Era la custumbre que la casa'el finao servía pa que loh araganeh se jueran a sentar en loh taguretes que el finao tenía en la sala. Así,pué,cuando Florencio se arrimó, ayí áiba gente.

Florencio entró enloquecío. Loh hombreh no atinaban nadita, quizah el muchacho se aiga güelto demente —pensaban loh hombreh.

—¿Qué te pasah, hombreh Florencio? Te miro como perro que ha perdío el amo y se pone a olfateá. ¿Qué te pasa, hombre? —le preguntó el finao Vicente Pinto.

Florencio hizo toita la referencia. Que detrah'e la loma en el potrero'e Nor Teófilo Butierrez se acababa'e topá con el dijunto, que a Nor Teófilo lo áiba encontrao asesinao.

—Santo Dioh—decía Florencio—le han clavao un hachazo mah grande que toita la cuarta'e mi mano derecha.

Uno'e loh presenteh era un empleao en la Comandancia local.

—Vamoh a ver al Coronel Ortega—dijo el fulano a Florencio.Pedro Ortega era el Comandante en aquella fecha. Comandante Local'e San Ignacio.

El Coronel Ortega tuvo su güen susto.

—Tan güen hombre'e bien que áiba sío Nor Teófilo —comentaba el Coronel Ortega—. Vamoh, instantemente:el Juez'e Paz, el Secretario, el Alcalde, síndicoh, alguacileh, el cura'e Santa Clara que vino a decir misa, asegún la costumbre, toita la autoridá.También loh mah prencipaleh'el pueblo: Nor Vicente Pinto, el finao, Nor Esteban, el otro finao Gonzalo, suegro'e Adolfo Ramireh.

Cuando llegaron al sucedío, la autoridá no quiso que movieran al muerto. La casa'el muerto sabía sé al otro lao'el cerro, al otro lao'el valle, mah allá'el río Chucha. El coronel dijo que la autoridáiba a reconoceh al muerto anteh que loh pariente. Todoh caminaban pa el sucedío, Florencio iba adelante'e chan. Entre tanto tooh loh vecinoh'el pueblo contaban a loh otroh vecinoh la muerte'el viejito Nor Teófilo. En un tuco' e tiempo la nueva dió güelta al pueblo.

Santo Dioh, tooh volvían al comento'e asesinato'edon Teófilo.

La noche—Santo Dioh—oscura, oscura como el mesmo enfierno. Pa podé alumbrá el camino cargaban hachoneh'e luh,pa poder alumbrá el rastrojal.

Nor Teófilo sabía está como Florencio lo vido.

El viejito tenía la boca arriba, too ensangrentao y mah prencipalmente en la cara.

El Comandante Local dió una orden: Ninguno se me arrime al muerto. Soo lah autoridá puede tocar el muerto.

Tooh caminaron pa atrah. El Comandante Local, el jueh y el cura tocaro el cadágüer'e Nor Teófilo. El Coronel Ortega registróloh bolsiyoh'el dijunto. Al momento'e levantó el brazo, se topó con una hacha...

—¡Diaglo! Aquí sabe estar la Facha conque le rajaron la cabeza al viejito—dijo el Coronel.

—Esa eh mi hacha—dijo uno.

Todoh no atinaban quien jué el que habló. Pe despueh vieron que Florencio jué el que habló.

—¿Esta hacha es suya? ¿Es de su pertenencia?

Entonces —¡Dioh Santo! —Florencio tráiba loh calsoneh llenoh'e sangre. Naide lo vido hasta entonceh, naide, ni él se vido la sangre.

—Eh mi hacha—dijo Florencio—la dejé mismamente cuando vide al muerto. Cuando barajusté al pueblo pa dá la nueva. Me amiedenté demasiao y no tuve memoria pa recordá la hacha, señó. La hacha que me prestó Nor Esteban, loh doh hachamoh el rastrojal esta mañana, señó.

—¿Qué me dice, luego de la sangre'e su pantaloneh?

—No lo vide, eh sangre'el muerto, jué alzando la cabeza 'el muerto.

El Coronel Ortega jué el que habló:

—Hermano, lo siento, pe loh hechoh están en su contra. Al viejo le rajaron con esta hacha y usted sabe ser el dueño'el hacha...

—¿Arrestar a un hombre honrao? —dijo Florencio—. Pe, ustedes están dementeh dende loh pieh hasta la cabeza. Yo no hei matao a Nor Teófilo. Güenoh amigoh sabimoh sé. Hombre honrao como él, nunca habido otro igual...

—¿Pe, cómo se explica la sangre? —habló el Jueh'e Pah.

Florencio sabía estar amiedentao:

—Yo no lo hei matao. Soy inocente. Soy hombre honrao. Me gusta el trabajo. A naide le robo, a naide le pido, con naide peleo. Aquí mesmo sabe está Nor Vicente Pinto. Estoy parando en casa'el Señó. El es la persona pa decirleh a ustedeh quién soy. Don Esteban también me conoce, con él mesmamente vine a hachá hoy.

—No se amiedente, no se amiedente—le dijo el finao Vicente Pinto—. Usté va a la cárcel, pe luego le dan la libertá, así como se descubra al mesmo criminal. No se amiedente, Florencio.

—Sí senoreh—dijo el finao a loh demah hombreh—lo que el joven Florencio dijo eh la verdá. Pe yo no contravengo lah ordeneh. Florencio pue'ir pa mientra se discubra el creminal.

Tan prontito jué reconocío el muerto por la autoridá, se dispuso la güelta al pueblo. Primeramente los soldadosh pusieron al muerto en una cama'e tijera pa llevarlo. Segundamente iba too la infiniá'e gente. El valle era una oscuridá que no se vía ni lah manoh. Nor Esteban dicía a Florencio:

—Se afiguran que voh mataste al amigo Teófilo. ¡Alabao a Dioh! Pe pu'hay ha d'andar el creminal. Lo maliseo que ande se aiga metío lo vamoh a encontrá, Florencio.

En el pueblo too el mundo créiba a Florencio el creminal'e Nor Teófilo. Dicía la gente:

—El forastero, el'e la corbata roja jué. Naide mah pudo ser. Elforastero, ese que nombran Florencio, ese que para ande Nor Vicente Pinto.

La verdá nunca habido otro hombre dende yo tengo ojoh, tan güeno como Nor Teófilo. Too la gente'el valle nunca vido hombre mah güeno.

En toito este valle tan largo, naide como el finao. Jué un alma'e Dioh toita su vida. Muchoh vecinoh'el pueblo, asegún la custumbre, jueron pu vé si sacaban al preso pa apalear elloh mesmamente.

Florencio que era namorao se afiguraba, que la Enriqueta lo áiba olvidao pur ser el creminal.

Florencio la áiba namorao dende la noche que llegó a pará en casa el finao Pinnto. Enriqueta era la hija'el finao Vicente Pinto.

La Enriqueta no créiba nadita'el cuento'el creminal era Florencio. Así como Florencio llegó a la cárcel, un soldao vino:

—Una mujé quié entrá.

—I diai, que entre.

La mujer entró:

—Dichosoh loh ojoh que te ven,Florencio.

—EnriquetalEntoavía me queréh?

—¿Pe de ande sacás eso? Mi corazón eh mah grande que toito el valle pa quererte entoavía y siempre. Pe Florencio, si no te juis'e la cárcel te pueden afusilar. El Coronel Pedro Ortega me ha namorao,pe io solo a voh quiero. Tiene seloh'e voh. Pe él sabe que te quiero y con su alma atravesada te pué causar daño. Te pué afusilar, él eh el Comandante Local, voh sabeh eso. Tié celoh'e voh, porque io te quiero.

—¿Celoh?¡Alabao a Dioh!

—Güeno, vamoh a juir. Io maliseo que Pancho noh pué ayudá.

—¿Pa en cuándo?

—Pa hoy mesmo.

Enriqueta salió con la idea'e juir esa mesma noche con Florencio. El remedio jué la evasión'e la cárcel. Enriqueta salió pa juera'e la cárcel porque se oíban voceh ajuerita.

Bien, como le iba contando, pu aquelloh añoh San Ignacio era pueblo con lah casah regadah pu toito el valle. Una casa larga pegada al potrero Nor Gonzalo Machao era ande vivía Lico Gómeh, el mah divertío en toito el pueblo.

Lico era güena persona a su modo. Con loh amigoh, güen amigo, con loh enemigoh, el mesmo diaglo.

Ese día mesmamente, Lico áiba enyugao la yunta pa tráir leña, un pa'e rastrah'e leña.

Bien, asegún la custumbre, Lico jué a platicá con loh amigoh'el pueblo en la nochesita. Lico no tenía ni idea'lo que áiba pasao, 'e la muerte Nor Teófilo.

—¿Qué hacen aquí hombreh? ¿Qué eh la conversación? Quisá Tomah "Zopilote" se ay casao con la tuerta Braulia y ustedes son loh padrinoh'el casorio.

—Lico—dijo uno—no eh tiempo pa rír, hombre. El compadre Teófilo lo mataron...

—¡Diaglo!

—Pe ya tenemoh al pájaro en la jaula. No pué juir el que lo mató.

—Entonces—dijo Lico—asegún la custumbre en el pueblo, vamoh a romper la cárcel pa sacar el creminal. Le vamoh a sobar el machete pu lah nalgah hasta que chiye como ternero. Que leyeh y que ná. Me cago en toitah lah leyeh. ¡Qué carajo!

—¡Amonoh, muchacho!

—Vamoh, vamoh, Lico eh el jefe —jué lo que dijeron loh muchachoh.

—¿Quién jué el creminal?

—El forastero, hombre, el forastero hombre Lico, ese catrin'e agua dulce. Ese que para ande Nor Vicente Pinto.

—¿Qué diagloh dicen? ¿El forastero? Mi güen amigo Florencio Aguilar. ¿Qué se han figurao ustedes? ¿Que el joven Florencio Aguilar mató a Nor Teófilo? ¿Qué se han figurao? ¡Mi alma!

Lah palabrah'e Lico amiedentaron a tooh. Pe el tuerto Chepe, primo'e Lico se acercó a hablá:

—Voh no sabé nadita hombre Lico. Te lo voy hacé toita la referencia. El forastero mató al viejito, no hay que hacé hombre Lico, no hay que hacé, hombre, el forastero ha sío, no hay que hacé hombre Lico.

—No me importa que créigan. Lo sé que no ay sío.

—Del mesmo moo como conozco un cabayo pu el pelo sé vé al hombre honrao. Mi güen amigo Florencio eh un hombre honrao. Usteh conocen a mi Tomasito, que no pué ni andá, pu la corneá que le ensartó el toro barsino. Pueh ayer mesmamente, mi güen amigo Florencio le ay referío istoriáh qui le dió doló'e barriga'e divertío qui sabían ser lah istoriah'e mi güen amigo Florencio. El eh toito un güen hombre. Naide le iguala in toito el valle.

No, mih amigoh. Too saben qui soy hombre, muy hombre. Soy hombre dispuesto, qui muere ande muere loh amigoh. Soy hombre, a naide le tengo miedo. A naide le alzo pelo. Si hay convite ay mesmamente está Lico Gómeh. Si hay convite pa peleá o pa celebrá ay mesmamente está Lico Gómeh.

¡Qué carajo! Io soy amigo'e verdá. El que quié se mi amigo me tié dispuesto. Mi enemigo también... Pe io no voy en contra mi amigo Florencio.

Too envainaron loh macheteh.

Lico, asegún la custumbre, se jué a visitá el compagre Nor Esteban.

—Vengo a vé qui sabe'e toito el cremin'e Nor Teófilo. Lo no creigo qui Florencio mató al viejito.

—Io no creigo—jué la contesta'e Nor Esteban—Florencio eh güen muchacho, honrao, güen amigo, naide ey visto tan juerte,t an honrao...

—Deme la mano, compagre. Eh lo que creigo io.

Florencio tiene dinero, no tié cara'el hombre malo. Se afiguran que eh el creminal, qui lo afusilan, pe io muero ande muere Florencio, Io muero ande muere mi güen amigo Florencio.

—Hombre Lico—dijo el compagre Esteban—vamoh a velá a Teófilo, jué mi güen amigo, lo maliseo qui el creminal ande el velorio está...

—Vamoh—jué la contesta'e Lico—. Vamoh ande la casa'el muerto

En la casa'el compagre Estcban áiba un cabayo chorreao y un cabayo bayo. El compagre Esteban montó uno y Lico montó el otro.

La casa'el finao sabía está arribita'el cerro.

Lico y Nor Esteban llegan en medio'el velorio.

Toita la gran familia, toito loh Butierrch, la famiia mah larga in toito el valle.

Ajuera se vía toito el valle una gran oscuridá.

Nor Esteban y Lico entraron ande sabía está el velorio. Toito eh Butierreh, hermanoh, tioh, primoh, nietoh, toitoh loh Butierreh.

Lico y Nor Esteban malisean qui loh Butierreh sabían estáenojaoh. Todoh loh Butierreh vían o Lico y Nor Esteban como enemigoh,gente qui no traiba güen agurio.

—No se apache, compagre. Estoh cren que Florencio mató al viejo, saben qui usté y io somos güenoh amigoh'e Florencio y noh echan la cara desabrida...

—No, hombre, vamoh'e güelta. Noh van a buscá pelea, Io no quié peleá—dijo Nor Esteban.

Loh doh hombreh salieron, jueron a montá, pe un desconocío salió al frente.

—Vengo a hablá con usté—dijo—. Me han referido adentro qui son lah mala intensioneh. Ustedeh son güenoh amigoh'el hombre qui mató mi tío Teófilo. Vamoh, qui diaglos vienen aquí...

Nor Esteban jué toito oyir y apiar'el cabayo.

Nor Esteban sabía está toito enojao. Dijo Nor Esteban al hombre:

—Güen hombre, io maliseo que usted anda trastornao'e la cabeza. Nor Teófilo Butierreh jué mi mejó amigo.

—Si io juera el muerto, Teófilo no áiba faltao a mi velorio. Alabao a Dioh y usted sabe vení a preguntá en qué ando? ¡Alabao a Dios! Güen hombre, io maliseo que usted anda trastornao. Teófilo jué mi güen amigo dende chigüineh. Loh doh dende chigüineh somoh juenoh amigos. Ande Tiofilo andaba ay mesmamente anda io. Ande Teófilo andaba ay mesmamente andaba Teófilo. Amigoh como loh dedoh'e una mesma mano. I usté güen hombre, ¿quié sabé en qué ando? ¡Alabao a Dioh! Usté cuenta qui Teófilo eh su tío, bien, Teófilo jué gran hombre, en toito el valle no encuentra mejó tío. Pe no güelga a dicir qui Florencio mató a Teófilo. ¡Mentira! Florencio no ay matao. Florencio eh honrao. No güelva a dicir qui Florencio lo ay matao. Vaya, diga qui Florencio no ay matao. ¡Alabao a Dioh! ¡Alabao a Dioh!

Nor Esteban montó en su cabayo, enojao. Lico áiba preparao algo qui dicir al desconocío, pe Nor Esteban dijo:

—Vamoh, deja este pobre hombre. Vamoh al pueblo. Deja este hombre, Lico.

El desconocío quedó muerto'e pánico. Tan prontito Lico y Nor Esteban bajaron el cerro, el desconocío salió juyendo cerro arriba, Juyendo, juyendo como un venao...

Lico—dijo a Nor Esteban...

—Compagre, hecho un güen descubrimiento. Este desconocío sabe ser el mesmo Crescencio Butierreh, sobrino'el finao Teófilo.Pe eh ladrón 'e vacas. Se me pone, compagre, este mató a Nor Teófilo.

—Hombre—jué la contesta'e Nor Esteban—. Hombre yo creyo mesmamente. El desconosío tenía cara'e asustao, cara'e miedento. Io creyo qui este eh creminal, el qui mató a mi güen amigo Teófilo.Vamoh ande el Coronel Ortega y ande Florencio pa referir tooel socedío y tranquilizá su alma. ¡Pobre Florencio! Io creyo qui este desconocío mnató pu robar a Teófilo. Teófilo andaba 50 pesoh pe nadita áiba en la bolsa'el muerto.

La noche era oscuridá nomáh. El valle, lo mesmo qui un mar.Lico y Nor Esteban llegan al pueblo.

Toita la gente en lah calleh. iVirgen Santa! ¿Qué ay pasao? ¿Qué áiba'e pasá? Florencio se áiba juido'e la cárcel esa mesma noche, Se áiba juido'e la cárcel con Enriqueta. El finao Vicente Pinto, padre'e la muchacha, el Comandante Local, Coronel Pedro Ortega, los dos busca qui busca a Florencio, pe Florencio iba juyendo con Enriqueta. Virgen Santa, naide atinaba pa el lugar iban juyendo. Naide malisea pa ande an juido.

Bien, agora sigue mi cuento. Al otro lao'e la montaña Chulape, arriba, arriba, treh o cuatro leguah, eh ande vivía en aquel tiempo un indio nombre Estanislao. El indio Estanislao nunca tuvo mujé, solo, como enojao con la mujereh. Un rancho viejo jué too lo necesario, treh gallinah y escopeta. El indio Estanislao pasaba solo en la montaña. No áiba camino, ni un cristiano que pasara por el rancho. Pe ese mesmo día el indio tuvo gente en su rancho.

Florencio y Enriqueta jueron derecho al rancho'el indio Estanislao. Duro trabajo sabía ser llegar ande el rancho. Florencio y Enriqueta badearon toito el cerro pa llegá ande el indio Estanislao. El indio se áiba asustao'e ver a Florencio y Enriqueta. Alabao a Dioh, ¿en qui andan, este no sabe sé camino real pa loh viajeroh? Yovía, pe qui modo'e yover. El indio viejo, junto'el fogón, platicando estaba con otro hombre.

—Florencio —jué lo qui dijo Enriqueta—tengo miedo'el hombre platicando con Estanislao, Io lo ei visto, sabe sér'e San Ignacio.

—Eh un güen hombre—jué la contesta'e Florencio. Vino pu el agua. Eh un güen hombre, lueguito va seguir el camino, esperando está qui escampe la yovedera nomás.

—¿Quié eh ese hombre?

—Nunca lo ei visto, nunca lo vide—jué la contesta'e Esta—nislao.

Florencio y Enriqueta entraron al rancho. Loh doh estaban cansaoh, seih leguah perdioh sin un bocao'e comida.

El indio Estanislao sacó tortiya con sal. Florencio y Enriqueta comieron con güen diente. Loh doh estaban comiendo. El indio Estanislao también dentró al rancho. Florencio jué el que oyó un correr'e cabayo. Loh casco'e cabayo corriendo en el llano, abajito'el rancho'el indio Estanislao.

—¿Santo Dioh, qui pasa?

Toitos, Florencio, Enriqueta, el indio Estanislao, jueron a ver a la puerta.

¡Santo Dios! Alabao a Dioh, el otro hombre áiba agarrao'el cabayo'e Florencio para juir a carrera abierta.

—Alabao a Dioh, ladrón'e cabayoh—dijo Florencio—. Eh ladrón'e cabayoh, se ay robao mi cabayo, mañoso, ladrón.

Pe el hombre corría juyendo, juyendo.

—Tome la escopeta, patrón—jué lo que dijo el indio Estanislao.

Florencio agarró la escopeta'el indio Estanislao. Florencio áiba aprendío a tirar, tenía un güen tiro.

—Me lo voy apiá—dijo Florencio.

Así mesmamente jué. El hombre cayó como muerto, cayó al suelo con un balazo'e la escopeta.

Toitoh, Florencio, Enriqueta y Estanislao, jueron a ver el muerto. Sabía tené un balazo en el pescuezo, el cabayo se áiba salvao.

Bien, como le iba contando, el hombre jué llevao adentro'el rancho.

Treh horah despuéh abrió loh ojoh. Tenía el conocimiento. La Enriqueta lavaba la herida con parche'e agua caliente.

—¡Estanislao! ¡Estanislao! —llamó el hombre——; Estanislao!

—Que quié—jué la contesta'e Estanislao.

—Ande está el señó?

—Aquí mesmamente estoy—dijo Florencio.

—Necesito el cabayo pa juir... necesito llegá a la frontera'el Salvador.

—¿A qué va a la frontera?...

—Eh... eh qui me desgracié con un finao. Quedó boca arriba y eh'e mal agüero... Ando apurao, señó...

—¿Cómo eh el nombre'el muerto?

—Mi tío, señó, Teófilo Butierreh...

Florencio y Enriqueta jueron ese mesmo día a ver al cura pa el casorio, pe primero llevaron el hombre a la cárcel. Era Crescencio Butierreh, el mesmno sobrino'el muerto...

## UN PADRE

En el pueblo de Santa Clara siempre predominaba el calor y el silencio. Solamente de vez en cuando se oía que un hombre ebrio gritaba:

—¡Que viva el General Reyes!... ¡Abajo el Gobierno!

Es un barrio humilde, frente a un terreno baldío vivía don Mateo Díaz con su mujer y su hijo Humberto, que era el Mayor de Plaza. Don Mateo era un viejo flaco, endeble, de pelo canoso y con setenta y cinco años a cuestas. Sufría de reumatismo, le daban terribles dolores de huesos y doña Juanita, la esposa, con sus cuarenta y ocho años, tenía que correr en busca de medicinas a la farmacia de don Lolo, muchas veces de noche. Doña Juanita, sin embargo, parecía hija de don Mateo, se había casado con él cuando tenía diez y ocho años y él tenía cuarenta y cinco. Era muy blanca, con cabello negro, con oyuelos en las mejillas y de pequeña estatura. Humberto, el hijo, era buen mozo, no se parecía a don Mateo. Humberto era tan blanco como la madre, mientras que don Mateo tenía el color cetrino de los mestizos. Humberto era además alto y atlético, muy cariñoso con su madre. Las mujeres volvían a ver a Humberto cuando pasaba por las calles con su uniforme de capitán. Ocupaba, como dijimos, el puesto de Mayor de Plaza, no obstante su juventud de veinte y nueve años.

Era el año de 1918. Toda la república se encontraba en tiempo de guerra. El período eleccionario se acercaba y había mucha agitación entre e1I pueblo. El partido en el poder trataba de imponer un candidato oficial y el partido/vencido trataba de quitar el poder al vencedor por medio de la fuerza. Los emigrados políticos del partido vencido habían cruzado la frontera, secretamente, de regreso. La verdad de la situación política se supo hasta el último momento. Esa misma noche de diciembre, los emigrados que estaban a tres leguas de la ciudad, entrarían a atacar la plaza. Humberto estaba dispuesto a morir en defensa del cuartel. Doña Juanita, la madre, lloraba mucho, ponía velas a los santos y le preguntaba a Humberto:

—Hijo, ¿quién es el jefe de los revolucionarios?

—Salvador Reyes, madre, el ¡sinvergüenza!...

—¡Salvador Reyes!... Ay, hijo, si pudieras evitar que te maten o que mates...

—Madre, ¿qué está diciendo, no comprende usted cuál es el deber del militar?

Esa noche principió el fuego encarnizado. Humberto con un retén de 20 soldados, defendía el cerro Coquimba, uno de los lugares estratégicos de la ciudad. Y el propio Comandante de Armas defendía el Cuartel General en unión de hombres de la buena clase social de Santa Clara, uniformados todos de soldados. La pelea la iniciaron los invasores en la oscuridad de la noche. Luego unos se desplegaron en guerrillas tratando de atacar a los cerros, mientras otros, protegidos por las sombras, se introducían en la ciudad. El fuego encarnizado fue subiendo lentamente hasta llegar a un instante de pavor en el cual el silbido de las balas se produjo con tanta sucesión que pareció una batería descargando sin misericordia sobre el blanco. Las pobres familias del pueblo tuvieron que meterse debajo de las camas, debajo de los muebles, huyendo de las puertas atravesadas por las balas de los invasores. Toda la gente del pueblo llegó a suponer que la plaza sería abandonada y que Salvador Reyes entraría a fuerza de ímpetu y osadía, a fuerza de acometidas y de cargas incesantes. Sin embargo, los invasores no lograron apoderarse de la plaza. El olor de la pólvora se mezcló en la atmósfera, pero en la madrugada, con miedo de que llegara la aurora y los descubriera en su derrota, empezaron a huir, primero unos, luego otros hasta que no quedó ninguno...

Cuando concluyó la batalla era todavía de noche. La luz del nuevo día alumbró las calles del pueblo llenas de cadáveres. Entonces se corrió el rumor de que el retén de Humberto, en Coquimba, había atacado por retaguardia y había capturado a algunos de los invasores. Una fuerte columna salió en persecución de los derrotados que huían por las serranías hacia la frontera. La gente del pueblo, después de sufrir horas de angustia, celebraba el triunfo del gobierno. Sobre las paredes de las casas, pintadas de blanco con cal, aparecían los agujeros de los balazos.

Se corrió la noticia de que entre los capturados por Humberto, se encontraba el jefe de los revolucionarios, don Salvador Reyes. El rumor se propagó con mayor insistencia y finalmente se comprobó que don Salvador Reyes era uno de los prisioneros. La noticia llegó a oídos de todo el pueblo que celebró con regocijo, especialmente aquellos que eran partidarios del Gobierno. Cuando Humberto se preparaba a interrogar a don Salvador Reyes, doña Juanita, dramáticamente y con sorpresa de todos, se presentó en el campamento:

—¡Hijo de mi alma, hijo!...

—¡Madre! ... ¿Cómo se expone?

—¡Te ruego que no vayas a fusilar a ese hombre!...

—¿Por qué, madre? Se le seguirá un consejo de guerra y se le fusilará.

—No quiero que te manches las manos...

—No seré yo quien va a disparar.

—¡Suéltalo, hijo!

—Pero madre, ¿qué pasa? ¿Por qué se interesa?

—¡Es tu padre! ¡Él es tu padre, Salvador Reyes!...

—Madre!...

—¡Ese hombre es tu padre!... Cuando Mateo estuvo emigrado, poco después de casarnos, ese hombre vino a mi casa y se burló de mí... ¡Es tu padre, hijo!...

La pobre mujer hizo la confesión ahogada entre lágrimas. Don Salvador Reyes bajó la vista. Humberto también bajó la vista con dolor, pero se dijo a sí mismo:

—No lo acepto como padre. No quiero ser un hijo de la deshonra. Mi padre es y seguirá siendo Mateo Díaz...

—Madre—le respondió—Los hechos ya no tienen remedio. Le voy a dar la libertad a ese hombre, pero yo voy a morir...

—¡Hijo de mi alma! ¿Por qué vas a morir?

—Porque si lo pongo en libertad, la vida de ese hombre será reemplazada con la mía. Yo voy a traicionar mi deber de militar...

Al oír estas palabras, doña Juanita, profundamente pálida, se desvaneció en los brazos de Humberto. Don Salvador Reyes manifestó que quería ser entregado a la justicia antes que comprometer a nadie. Pero que, si Humberto se decidía a ponerlo en libertad, también Humberto debería huir porque su traición a las leyes militares sería castigada con el fusilamiento.

—No, señor —le contestó Humberto— no quiero mantener deudas con la justicia... Mi decisión está hecha: lo pondré en libertad para que usted se presente solo a la justicia. Si usted no se presenta entonces mi traición será saldada con el pequeño precio de mi vida. Este sacrificio no lo hago por usted, a usted no lo acepto como padre honrosamente... Mi padre es y seguirá siendo Mateo Díaz. Lo pongo en libertad porque me lo pide mi madre, de cuya debilidad se valió para deshonrarla y deshonrarme a mí...

El General Salvador Reyes era un hombre de 52 años. Alto, barbado, blanco, pero que infundía poca simpatía. En su vida de militar había algunas páginas bastante negras. Se le achacaba de que con el poder en las manos había cometido varios crímenes. Se hablaba mucho del origen de su fortuna y de su poca moral. Sin embargo, se le reconocía algún mérito entre sus partidarios como político sagaz e inteligente y como militar de una larguísima experiencia. Desde los 14 años, como soldado, se había iniciado en la vida militar. A los 20, bastante más joven que Humberto, había desempeñado el puesto que éste desempeñaba ahora y fue en esta época cuando, aprovechando la ausencia de don Mateo Díaz, había requerido de amores a doña Juanita...

Esa noche, cuando se supo que don Salvador había sido puesto en libertad, el pueblo indignado se preguntó el motivo. Don Salvador, en vez de presentarse a la justicia, huyó hacia la frontera. Humberto habló al pueblo y manifestó que él era el único responsable de la libertad de Reyes, pero que no diría el motivo. Entonces se hicieron varias conjeturas, se dijo que Reyes había pagado dinero en efectivo a Humberto; se dijo que Humberto era enemigo del Gobierno, etc. Cuando el Comandante de Armas tuvo conocimiento de lo que pasaba, se indignó mucho, destituyó a Humberto del puesto y lo puso preso.

Luego se dirigió al Ministro de la Guerra y de allá vino una contestación ordenando el pronto envío de Humberto para que lo juzgara un Consejo de Guerra. Humberto, con carácter de reo, fue enviado a la capital con grillos y esposas. Mientras tanto, doña Juanita, que no sospechó el delito de su hijo, cayó enferma gravemente. Sufrió una sucesión de ataques nerviosos, perdió el conocimiento y por fin muró sin haber hecho ninguna declaración. El reo, tan pronto como arribó a la capital, fue interpelado por el Consejo de Guerra. Humberto declaró lo que antes había dicho. El Consejo de

Guerra lo condenó como traidor y le decretó la pena capital. Humberto fue fusilado un viernes por la mañana, pocas horas después de la muerte de doña Juanita. Esto, que para muchos no fue más que una noticia de alguna sensación, para don Mateo Díaz tuvo un carácter diferente. El dolor le torturó el corazón, pero ni su amor de "padre" tuvo benevolencia para el recuerdo de Humberto. Don Mateo se lamentaba únicamente de la muerte de doña Juanita. El creyó que el único responsable de su tragedia era Humberto y contra él lanzó sus blasfemias. Don Mateo, lo mismo que todo el pueblo, lo condenaba por la libertad de Reyes, pero también lo condenaba por la muerte de doña Juanita. Ni siquiera después del fusilamiento tuvo palabras de perdón para Humberto. Sobre un retrato de Humberto, escribió con grandes letras: TRAIDOR.

La casa de don Mateo estaba formada por una humilde salita de recibo, un pequeño dormitorio de él y doña Juanita y otro de Humberto. Además, había una cocina y un pequeño cuarto de la sirvienta. Era una humilde casa de tejas y adobe que, como dijimos, estaba situada en la orilla del pueblo. Aquí, en esta casa quedó viviendo don Mateo como un fantasma después de la muerte de Humberto y doña Juanita. La gente interrogaba a don Mateo sobre la actitud de Humberto al darle la libertad a Reyes. Don Mateo contestaba:

—Humberto nos resultó un traidor. De nada valieron mis consejos de padre... Mi mujer murió de vergüenza por la traición de Humberto...

Pero algunos años después, mientras don Mateo registraba los baúles de su difunta esposa, se encontró una carta de don Salvador Reyes para doña Juanita. Se sorprendió mucho al reconocer la firma de don Salvador Reyes. Le decía: "Te mando muchos besos para que los dividas con nuestro hijito. Espero en Dios que sabrá quién es su padre", etc.

Don Mateo nunca tuvo sospechas de doña Juanita, Siempre tuvo amor y respeto para ella. Sin embargo, la carta le intrigó. Esa noche no pudo dormir. Al día siguiente, después de meditar mucho, pensó que tenía que increpar a Reyes y averiguar la paternidad de aquella carta. Por fin, en medio de conjeturas, llegó a creer que la actitud de

Humberto pudiese tener una explicación que no era la que él le atribuía. El General Salvador Reyes vivía ahora en la capital y don Mateo se dispuso ir a verlo personalmente, pero después pensó escribirle y finalmente no supo qué hacer. El pobre anciano se debatía entre diversas conjeturas. Sufría horriblemente cuando sospechaba que era víctima de una mentira y que había arado en el mar con sus ilusiones de honor, de amor y de dignidad. Todos sus sufrimientos giraban alrededor de la sospecha de haber sido engañado por la mujer que tanto idolatraba...

En esta desesperación se encontraba el pobre anciano, cuando llegó alguien de la capital y le confirmó la horrible verdad. Le dijo que en el sepulcro de Humberto aparecía sobre una lápida de mármol, esta leyenda: HUMILDE HOMENAJE DE GRATITUD Y CARINO A MI DESVENTURADO HIJO HUMBERTO.Y luego firmaba Salvador Reyes...

Don Mateo lo comprendió todo y le escribió a Reyes: "¡Un padre —sobre todo un militar— no huye para salvarse la vida y comprometer la de su hijo! ¡Eso no lo hace un padre sino un cobarde!"

Después el anciano borró la palabra: "traidor", que él había escrito en el retrato de Humberto y escribió: "Mi hijo, sigo siendo tu padre"...

# EL CRIMEN DE LA SONÁMBULA

En La Sonámbula, junto a la hacienda en que don Pablo Ramírez venía a temporar largos meses, había varias casas de otros hacendados, pero ninguna era tan valiosa como la de don Pablo. Don Pablo era un hombre de aspecto vulgar y campechano, pero generoso y amigo de todo el mundo. Era de mediana estatura, delgado, blanco, narigudo y flaco. Tendría 50 años, que había empleado en amasar una regular fortuna, esclavizándose al trabajo. En La Sonámbula, tan pronto como llegaba a temporar con su familia, se le veía en mangas de camisa y con un hacha de mano tratando de arreglar algún desperfecto de la casa o de los alambrados. Con sus sirvientes siempre era generoso y tolerante. Doña Rosaura, la esposa de don Pablo, era bastante menor que él. Doña Rosaura, lo mismo que don Pablo, era muy generosa y querida por todos en La Sonámbula. Alta, cargada de carnes, blanca y de buena salud. No era realmente bonita, pero sí simpática y muy sociable.

Uno de los tres hijitos varones de don Pablo y doña Rosaura recibió —en la época a que nos referimos— un regalo del tío Francisco, hermano menor de don Pablo. El regalo consistía en un caballito tordillo con su montura, freno, espuelas, y sobrebotas. El caballito, muy atractivo, llamó mucho la atención. Antes de esto, Pepe, que así se llamaba el niño, había recibido otro regalo del mismo tío: una pistolita sin tiros, con mango de concha nácar y calibre niquelado. Y cuando Paco era una criatura de seis meses, el mismo tío Francisco le enviaba juguetes continuamente. Entre estos juguetes le mandó uno muy grande: una bicicleta, que lo mismo que el caballito, gustó mucho a la familia.

—Mamita —le decía Pepe a doña Rosaura— qué bueno es mi tío Pancho, yo lo quiero con toda mi alma.

—¡Julio, Julio! —gritaba afuera la sirvienta.

—¿Qué pasa? ¿Qué pasa? —preguntaba doña Rosaura.

—Que Julio le está quebrando la bicicleta a Pepe.

—Julio, hijo, ¡tenés un corazón tan negro! ¿Por qué le quieres destruir el juguete a tu hermanito menor?

—Porque todo lo bueno es para él. Mi tío Pancho nunca nos regala nada a Lencho ni a mí, todos los regalos son para el tullido...

—¡Hijo! ¿Tenés cara de molestar a tu hermanito por los regalos? El tío Pancho le regala juguetes a él porque es el menor. Es el más débil de todos.

—Sí...sí...pero...yo también quiero juguetes...

—Bueno, Julio, yo te lo voy a comprar. Pablo te lo va a comprar.

—Vea, mamita. Julio me le pandió la rueda.

—Sí, Pepito—respondía la madre—ya veo lo que te hizo tu hermano. Deja que venga el sirviente para que te lo arregle.

Esa misma tarde doña Rosaura escribió una larga carta al tío Francisco, que vivía en la ciudad. Le decía simplemente:

"Paco: Te escribo para pedirte un favor muy grande. Me vives comprometiendo, Paco. Imagínate que esta mañana Julio, que es muy celoso, trató de romper la bicicleta que le mandaste ayer a Pepe. ¿Qué crees que me respondió cuando lo regañé? Me contestó que tú eras un mal tío... porque ni a él ni a Lencho les mandas regalos. Como tú ves, eso nos compromete. Mi marido es demasiado bueno. Y yo no les puedo decir ni a él ni a mis hijos, la verdad...Te suplico que no vuelvas a mandar más regalos a Pepe. ¡Ay! Paco, por Dios, me comprometes mucho. Te suplico por el amor de Dios que no le vuelvas a hacer regalos a Pepe. Ya sé que lo quieres, eso es natural, pero ten lástima de esta pobre mujer que sufre tanto por tu culpa... ¡Por Dios no me comprometas más!

Acuérdate que mi marido es tu hermano, que es tan bueno—y te quiere tanto... Yo quiero que me veas y me quieras únicamente como una cunada... Lo demás es cosa de la historia que los dos debemos olvidar... Ven a pasear el domingo y si Pablo me da oportunidad, te hablaré largamente sobre esto mismo. R".

P. D. No te olvides de romper esta carta. Te esperamos a almorzar el domingo.

Se había aliñado un pavo, es decir, un jolote, como se dice allá. Don Pablo con su esposa, sus hijos y su hermano Francisco, se sentaron a la mesa.

—Hombre, Paco, vieras qué muchachos tan despechados son estos míos cuando algo les duele por dentro.

—¿Qué?

—El regalo, hombre, que le mandaste a Pepe. Los otros dos, Lencho y es... ¡este muchacho Julio! —dirigiéndose a Julio:

—Te voy a dar una bejuqueada con esa correa de la montura.

Dirigiéndose otra vea Francisco:

—Pues como te decía, este muchacho y Lencho se han llenado de celos por el juguete que le mandaste a Pepe. Dicen los otros que Pepe es el sobrino que más querés.

—¡Claro! —respondió Lencho, el hijo mayor de 12 años—. Cómo vamos a querer a mi tío Pancho si a nosotros no nos hace regalos?

—Oyes, oyes? Lo mismo que yo te estaba diciendo. —Francisco sonrió con las mejillas encarnadas. Doña Rosaura dejócaer la taza en el platillo.

—La próxima vez les mandaré regalos a todos —dijo Francisco, y no quiso seguir hablando porque comprendió que la voz le temblaba y la manifiesta nerviosidad de doña Rosaura lo podía comprometer. Francisco Ramírez era el menor y don Pablo el mayor de los cinco hermanos. Francisco tenía 30 años, alto, delgado, de color cetrino, era un pequeño aguilucho que escondía las garras. Enemigo del trabajo, enamorado de las mujeres y de la holganza.

En las épocas políticas de los países tropicales, siempre hay hombres que abandonan sus hogares y huyen como emigrados a las vecinas repúblicas. Esto había pasado con don Pablo Ramírez en 1914. Abandonó sus propiedades, su esposa, sus hijos y huyó. Él no había tomado parte en la política del país; sin embargo, se le amenazó por sospechas de que pertenecía al partido contrario. De allá le escribió don Pablo a Francisco diciéndole que se pasara a vivir a su casa de La Sonámbula para que le cuidara la familia y los bienes. En ese tiempo Francisco estaba muy joven. Como consecuencia de la estadía de Francisco en el hogar, nació Pepe...

Sin embargo, don Pablo creyó que Pepe era hijo suyo y jamás tuvo reproches ni sospechas para doña Rosaura, pero ella se sentía completamente desgraciada. La presencia de Pepe, que a todos infundía alegría, a doña Rosaura la molestaba como un dedo sobre su conciencia. En cambio, Francisco sentía un natural amor de padre para Pepe, que no lo ocultaba ni en presencia de don Pablo. Pero detrás de este amor descubierto estaba el amor secreto que él mantenía para doña Rosaura...

Mientras don Pablo almorzaba alegremente en unión de su hermano Francisco, su esposa y sus hijos, un sirviente le manifestó que los peones que había enviado a trabajar esa mañana, acababan de regresar. Don Pablo, que no los esperaba tan pronto, abandonó la mesa y salió a hablar con ellos. Eran cinco peones y todos traían las caras compungidas, en las manos traían rollos de alambre, clavos, martillos, hachas, machetes, etc. Don Pablo interrogó a los peones sobre el motivo de su regreso. Ellos refirieron entonces lo que les había sucedido con el vecino hacendado, don Esteban. Lo sucedido fue que don Esteban Orellana les había hecho tres disparos de Winchester mientras ellos cortaban la madera para edificar un puente. Este asalto de don Esteban, como de costumbre, se debió a que él sostenía que la tierra era suya. Don Pablo, después de oír el relato de los peones, se redujo a decir:

—Está bien. ¡Mañana iré a arreglar eso personalmente!

A la mañana siguiente, después de mandar unos peones hacia la "tapisca" y otros a "sabanear" unas bestias, don Pablo ensilló su mula y salió. Antes de esto, manifestó que iba a casa de su vecino para arreglar el incidente del día anterior. Don Pablo era un hombre de una actividad asombrosa, salía a caballo todos los días con el fin de inspeccionar sus trabajos. Esa vez, sin embargo, no volvió a la hora de costumbre. Doña Rosaura y sus hijitos quedaron esperándolo muy preocupados. Finalmente se acostaron antes de que él regresara. No volvió don Pablo, lo que volvió a medianoche fue su cuerpo exánime que dos vecinos encontraron en el camino de la ciudad. El dolor y la sorpresa de doña Rosaura fue espantoso cuando, creyendo encontrarse con su marido, se encontró con el cadáver...

Como es natural, todas las sospechas cayeron sobre don Esteban Orellana, el vecino. Doña Rosaura, a pesar de su dolor, fue a pedir que pusieran preso a don Esteban. Don Esteban Orellana, que se encontraba tranquilamente en su casa de La Sonámbula, fue conducido a la cárcel.

La Sonámbula es uno de los lugares más bellos y más pintorescos de la república. Está situado en el centro de un valle muy fértil, bañado por un caudaloso río que en el invierno solamente se atraviesa en canoas. Este río, según se ha comprobado, arrastra arenas auríferas. Sobre la superficie del extenso valle se dilatan las vacadas, los potreros, las pequeñas cabañas y la paz infinita y lugareña de la vida del campo. Acá, en una orilla del valle, está situada la hermosa casa de don Pablo Ramírez, y allá, sobre el cerro, está la casa de don Esteban Orellana. La distancia de las dos casas es solamente de tres kilómetros, pero los terrenos de ambos hacendados están colindantes. El camino hacia la ciudad pasa muy cerca de la casa de don Esteban, a una distancia de cien metros.

Tres días después del horrible crimen de don Pablo y cuando ya principiaba a desaparecer la primera sensación del asesinato, un vecino de La Sonámbula encontró en el propio lugar del crimen, el arma con que se había dado muerte a don Pablo. Era un revólver viejo que tenía las iniciales de Gualberto Reyes y según se comprobó después, con la opinión de los que conocían el arma, era el mismo revólver de Gualberto. Este individuo tenía una larga historia de robos y crímenes: repetidas veces había estado en la cárcel y aun en la penitenciaría de la capital. Como es natural, se ordenó la captura de Gualberto inmediatamente.

En La Sonámbula, la muerte de don Pablo había sido muy sentida. Con excepción de don Esteban, todos los vecinos querían mucho a don Pablo. El muerto era un hombre generoso y servicial. Su casa de La Sonámbula parecía ahora una tumba. Las puertas y ventanas permanecían cerradas y solamente allá adentro se oía sollozar a doña Rosaura. Todos los parientes de don Pablo se encontraban allí. Francisco, lo mismo que todos, trataba de consolar a la pobre viuda, pero doña Rosaura se sentía profundamente triste y no escuchaba las palabras de nadie. Todos los parientes y los vecinos de La Sonámbula se convencieron de que doña Rosaura había querido de verdad a su marido. Francisco se encontraba precisamente en la casa de La Sonámbula consolando a doña Rosaura, cuando llegó la noticia súbita de que se había capturado a Gualberto como autor del crimen.

Este hecho sorprendió a todos, pues siempre se había creído que don Esteban era el posible autor del asesinato. Francisco corrió a la ciudad con el fin de obtener noticias. Se presentó al juzgado en el preciso momento en que Gualberto, después de reconocer el arma, hacía declaraciones del crimen que él había cometido. Francisco escuchó la declaración fríamente hasta que Gualberto concluyó de hablar. Cuando Gualberto concluyó su declaración, Francisco se paró y dijo:

—Lo que Gualberto ha dicho es cierto. ¡Yo le pagué para que asesinara a mi hermano!...

—¿Por qué? —le preguntaron.

—No lo diré—respondió— Pónganme en la cárcel con Gualberto.

Poco después doña Rosaura vendió la hacienda de La Sonámbula y se fue a vivir a otra parte.

# TOMÁS

En la ciudad de Santa Clara hubo una casa en donde salía a medianoche un hombre; caminaba sobre el techo de la casa, bajaba sobre un jardincillo y desaparecía por una puerta que daba hacia la calle. Tomás, un inquilino que se alimentaba con aguardiente y que había vivido muchos años en la casa, contaba que él lo había visto:

—Es un hombre alto —decía Tomás— que camina con espuelas y anda muy bien vestido. Lleva guantes blancos en las manos y al andar hace ruido con las espuelas. Para verlo mejor hay que dormir en la pieza que da para el jardín. Nunca hay que esperarlo temprano. Siempre aparece entre las dos y las tres de la mañana. Hay que tener el reloj en la mano y ver que nunca falta a esa hora. Lo que primero se oye son los pasos en el techo, después se oye el ruido cuando se baja por la pared y por fin se le puede ver en el jardín. Lo mejor es irse a parar en la puerta del cuarto que da para el jardín en cuanto se oyen los pasos, porque del techo baja por la pared como si caminara sobre el suelo y después se mete al jardín. Camina despacio sonando las espuelas, y se dirige hacia la puerta que da para la calle. Cuando llega a la puerta, la abre y sale, pero del lado de la calle lo han esperado a esa hora, y nadie lo ha visto salir...

Una vez llegó a la ciudad un "gringo". En ese tiempo la casa estaba, como de costumbre, abandonada. El único que vivía en la casa, como una reliquia, era Tomás. El "gringo" no pudo hospedarse en ninguna parte. Alguien le recomendó la casa, pero le advirtió que allí aparecían fantasmas. El "gringo" aseguró que él no le tenía miedo a los muertos y se hospedó en la casa, precisamente en el cuarto que daba hacia e jardín. Aquellos que creían que allí asustaban, quedaron admirando la valentía del forastero. Tarde de la noche, doña Rosa, una señora de la vecindad, oyó que le tocaban la puerta con fuerza. Doña Rosa, muy sorprendida, se levantó y fue a abrir la puerta. Cuando abrió se encontró con un hombre altísimo... Era el forastero que llegaba casi desnudo y con la ropa de cama en las manos. Venía —contaba doña Rosa—con una cara tan blanca como el papel. Traía una expresión en la cara que daba risa, pero también lástima. Se notaban las contracciones de los músculos de la cara y parecía que el pobre hombre sufría del baile de San Vito. Pero la comedia consistió en que el "gringo" no hablaba bien el castellano y cuando el "otro" le contestó, el forastero no le pudo entender. Quiso hablar entonces pero las pocas palabras que sabía del castellano, se le olvidaron y quedó mudo. Fue así como el hombre se confundió y llegó a sentir miedo. Era la primera vez —según decía él— que había sentido miedo en toda su vida...

Una vez le preguntaron a Tomás:

—¿Cuántas veces lo has visto?

—Muchas—respondió Tomás.

—No has hablado con él?

—¡Nunca! Ni que me dieran un millón...

—¿Pero, no te gustaría ser rico? Los muertos salen cuando tienen fortunas enterradas.

—Me gustaría tener dinero, pero no de esa manera...

—¿Por qué? —le preguntaron.

—Porque los que hablan con los muertos se mueren pronto y el dinero no dura mucho...

—¿Te gusta verlo? —le preguntaron.

—Claro, cuando lo oigo andar en el techo, me levanto para verlo...

—¿No le tienes miedo?

—Le tenía las primeras veces, pero ahora no...

—No hace algún intento para hablarte?

—Nunca. Si me habla no le respondo.

—No entra en tu cuarto?

—Nunca. No entra en los cuartos, camina en el techo de la casa, se baja al jardín y al llegar a la puerta de la calle... ¡parece que se vuelve humo!...

—¿No tienes arma en tu cuarto?

—¿Para qué? No se mete con los cristianos...

—¿Viste cuando el "gringo" habló con él?

—Sí. El "gringo" tuvo la culpa porque empezó a llamarlo y después no le entendió lo que decía...

—¿Y qué hizo el muerto?

—Nada. ¿Qué iba a hacer? Cuando el "gringo" no lo comprendió, siguió su camino y al llegar a la puerta, se perdió.

—¿Quién crees que es?

—¿Quién va a ser? Uno que anda penando...

—¿Duermes solo?

—¡Solo!...

Un anciano del pueblo, don Saturnino Meza, era de los que no le tenían miedo a los fantasmas. Le contaron lo que pasaba en la casa del finado Rosendo Bustillo, y no quiso creer. En ese tiempo la noticia se había propagado por todo el pueblo, pero todos se reían cuando se informaban que Tomás era el único que había visto al muerto. Tomás siempre vivía ebrio, todo el dinero que conseguía lo empleaba en aguardiente. Finalmente don Saturnino manifestó que para probar que no era cierto lo que Tomás y el "gringo" decían, él iría a dormir en el cuarto que daba al jardín. Por la pared de este cuarto se bajaba el muerto y don Saturnino dejó abierta la ventana para verlo...

Lo que pasó con don Saturnino fue algo tan terrible que llamó la atención de toda la ciudad. Don Saturnino amaneció muerto...El cuerpo no presentaba ninguna herida y el médico opinó que había muerto de un ataque nervioso. Tomás, el único inquilino, estuvo preso, pero poco después recobró la libertad. La gente en general se preocupó mucho de la misteriosa muerte de don Saturnino. Tomás declaró que él —como de costumbre— se había dormido ebrio y no había abierto los ojos en toda la noche. Tomás era popular en todo el pueblo; se le conocía como ebrio y mentiroso, pero no tenía instintos criminales. Al poco tiempo salió libre de la cárcel...

Joaquín Bustillo, dueño de la propiedad e hijo heredero del difunto, don Rosendo Bustillo, ofreció una recompensa al que descubriera lo que pasaba en la casa. Dos muchachos del pueblo, Patricio y Timoteo Funes, se ofrecieron para descubrir el secreto.

Los dos hermanos Funes prepararon una media botella de aguardiente y dos revólveres. No colocaron su cama en el cuarto, como hacían todos, prefirieron colocar la cama en el jardín. La noche era oscura y a eso de las 12 oyeron una voz en el cuarto más próximo:

—¿Quién es usted? —le preguntaron.

—Un alma en pena —contestó.

—¿Qué es lo que quiere?

—Que me ayuden...

—¿Cómo se llama usted?

—Rosendo Bustillo—contestó.

—¿Y qué desea?

—Tengo una fortuna enterrada...

—¿Dónde?

—En la puerta...

La extraña voz dejó de oírse. Los hermanos Funes no creyeron hacer uso ni del licor ni de las armas. Al día siguiente se negaron a contar lo que habían oído. Aseguraron que no había ocurrido ninguna novedad...

La casa en que tan extrañas cosas sucedían, era una casa vieja. Había pertenecido a varias generaciones de los Bustillo. Joaquín la heredó de su padre y éste del suyo. Era una casa muy grande, tenía muchas piezas, todas desocupadas. Joaquín vivía ahora en otra casa, había abandonado el antiguo hogar de sus padres. Tomás era el único que vivía allí porque no tenía otro lugar en donde dormir. Tomás, como dijimos, era un borracho y a pesar de su popularidad, nadie lo admitía en otra parte. Pasaron algunos meses. Creían todos que ya no ocurriría nada, pero en una horrible noche de invierno, doña Rosa, la vecina, oyó golpes de barra, de pico y de azadón. La señora se acercó a la puerta de la célebre casa y se convenció que adentro estaban trabajando. Aquel ruido nadie lo había oído antes. Doña Rosa fue a llamar a los otros vecinos. Todos vinieron y se pararon cerca de la puerta. Adentro había alguien trabajando a medianoche, parecía que estaban construyendo un sepulcro o un subterráneo. Los ruidos repercutían sordamente en el vacío...

Joaquín Bustillo, el dueño de la casa, entró y descubrió una fosa. Le preguntó a Tomás que quién trabajaba allí, durante la noche, y Tomás respondió que no sabía. Joaquín mandó un criado para que vigilara allí durante la noche. En ese tiempo lo que pasaba en la casa había vuelto a llamar la atención. Es verdad que muchos decían que no se podía creer lo que Tomás aseguraba, porque Tomás estaba trastornado. Pero la verdad fue que la muerte del anciano don Saturnino Meza y la fosa que se había encontrado, debían tener sus causas. Un día —con una nueva sorpresa de todo el mundo— el sirviente que Joaquín enviaba a dormir allí durante la noche, amaneció muerto. El sirviente, al contrario de don Saturnino que no presentaba heridas, tenía un horrible golpe en la sien... Tomás fue llevado a la cárcel nuevamente y esta vez se le acusó del crimen. Pero las apariencias estaban en favor de Tomás porque Tomás era un pobre hombre flaco, endeble, incapaz de asesinar al sirviente que era alto, joven y fuerte. Sin embargo, Tomás permaneció en la cárcel. Creyeron que mientras él estuviera allí, nada nuevo ocurriría...

La familia Bustillo había sido siempre una de las más adineradas en el pueblo. El primer Bustillo, don Adolfo, fue un inmigrante español. Llegó casado a trabajar como peón a la ciudad. Luego se levantó dejando algunos ahorros a su hijo Luis. Éste, tan trabajador como el padre, aumentó los haberes y cuando murió, su fortuna pasó a manos del padre de don Rosendo. El padre de don Rosendo tenía varios hijos, la fortuna se dividió; pero don Rosendo, que era trabajador como sus ascendientes, la aumentó y heredó un buen capital a Joaquín. Los Bustillo eran gente muy sobria, honrados, enemigos de la política y sumamente trabajadores. Joaquín, el último de los Bustillo, era dueño de una hacienda, una buena tienda y muchas casas de alquiler. Después que Tomás fue puesto en la cárcel, no se oyeron más ruidos. Toda la gente estaba convencida de que Tomás era el autor de los crímenes. La tranquilidad volvió a reinar en el barrio, pero una noche se oyó que volvían a cavar en la tierra. Doña Rosa fue la que primero escuchó. Corrió a contárselo a Joaquín y éste pidió que investigara la autoridad lo que realmente había. Varios soldados armados rodearon inmediatamente la casa. Después el mismo Joaquín, en unión de otros soldados, entró. Tan pronto como ellos entraron, se oyó un ruido de gente que huía: eran los hermanos Funes...

Los dos fueron puestos en la cárcel. Declararon, después de una larga interrogación, que ellos habían asesinado al sirviente porque él había rehusado mantener el secreto de la fortuna que buscaban. La Fortuna, según ellos, estaba allí, en donde ellos hacían la fosa: el espectro de don Rosendo Bustillo les había dicho que en ese lugar tenía una fortuna enterrada...

Joaquín Bustillo, como buen comerciante, era gran aprovechador de las oportunidades. Al día siguiente se puso él mismo a cavar la tierra. Creía Joaquín que él, como hijo de don Rosendo Bustillo y dueño de la casa, era quien tenía derecho a la fortuna enterrada. Pero cuando Tomás supo en la cárcel que Joaquín estaba cavando la tierra dijo:

—Yo soy el que le habló al finao don Saturnino, a los Funes y al "gringo"...

Se comprobó que, efectivamente, lo que decía era cierto y entonces lo enviaron a la penitenciaría. Lo condenaron por el crimen de los Funes y por la muerte de don Saturnino...

# DON RAMÓN

El alcohol se arraigó en su organismo como un parásito. Su cara cubierta de pelos, se volvió húmeda como una esponja, roja como un tomate. Sus ojillos se volvieron lagrimosos y hundidos en las ojeras. Sus brazos aprendieron a accionar con la mímica torpe de los ebrios. Sus labios aprendieron un gesto nervioso que mostraban los dientes ennegrecidos por el uso del tabaco. El pie derecho aprendió a moverse golpeando sobre el piso al compás de la palabra. Todo daba la impresión de un organismo que no funcionaba bien, todo mostraba al hombre neurótico, al hombre cuya dolorosa tragedia nos cae en gracia y hasta nos arranca, sin quererlo, una sonrisa burlona... Sin embargo, don Ramón Maldonado se quería vengar conta la sociedad por creerla culpable de su situación. La poca salud corporal había mermado la salud del espíritu.

En su cuerpo ridículo se levantó la víbora de su espíritu envenenado, vengativo, impulsivo, sarcástico, cruel, hablantín y argumentador. Naturalmente, el hombre se volvió insociable, no había paciencia que lo aguantara, era insufrible. Hablar con él era oír un discurso de palabras apasionadas y sin sentido. Era oírlo hablar mal del mundo y de la sociedad en general. Pero si uno se ponía en desacuerdo, entonces don Ramón se enfurecía, sacaba el pecho, se limpiaba la boca pastosa y decía:

—¡Vea, usted no sabe tanto como yo! ¿Qué me va a enseñar usted a mí! ¿Es? Lo que yo le estoy contando es cierto y no me discuta.

Había que callar y seguir oyéndolo. Don Ramón tenía una dialéctica aplastadora, trituradora, como esas máquinas que deshacen todo lo que encuentran a su paso. Por fin se cansaba de hablar y de hablar. Su interlocutor no había levantado la palabra durante todo el discurso. Don Ramón, hombre pesimista—nunca se imaginaba lo bueno de una situación—. Cuando miraba a su interlocutor como una piedra, sin decirle si estaba de acuerdo o no, don Ramón suponía que estaba en desacuerdo y la cólera volvía a enrojecer sus orejas:

—Sí, ya sé; usted no está de acuerdo conmigo. Pero es que usted no conoce la vida como yo, amigo. Yo soy hombre de experiencia. ¡Cuando usted conozca mejor la vida, entonces!...

Don Ramón era insufrible, inepto y egoísta. Don Ramón era uno de esos hombres que sólo reaccionan bajo el estímulo brutal del alcohol, el odio y la política. Pero a pesar de todo esto, don Ramón no infundía odio ni cólera, no podía infundir ninguna de las dos cosas. Lo que infundía era lástima:

—¡Pobrecito! —comentaban muchas gentes que hablaban de él, pero cuando lo oían discutir con sus gestos y voz gritona, que llamaba la atención de los que pasaban por la calle, no podían menos que reírse en su propia cara. La familia sabía que la gente se reía de don Ramón. Hay que darse cuenta del dolor de la esposa, de las hijas, ya señoritas, casaderas, y de Rafaelito. Lo llamaban así por su tamaño, el sostenedor de la casa. Estos hombres se caracterizan por eso: se hacen ellos mismos, por su propia culpa, desgraciados y hacen desgraciados a los que viven cerca. ¡He aquí un gran problema social!...

Comúnmente el alcohol, el tabaco, la morfina, etc., se apuran para sobrellevar la monotonía de la vida, algún dolor físico o algún gran pesar. Pero don Ramón se había hecho vicioso sin tener que sobrellevar una vida monótona, ningún pesar que olvidar, nada. A don Ramón no se le había muerto ningún ser querido. No había perdido ninguna gran fortuna, no había fracasado en ningún gran ideal de muchacho puesto que nunca supo lo que era ideal ni ambición. En cambio, don Ramón destruyó su salud corporal, la salud de árbol vigoroso que Dios le había dado; corrompió la salud de sus ideas y de sus actos; anocheció el tranquilo crepúsculo de su buena esposa, doña Magdalena; nubló el claro sol de la mañana de sus hijos. En una palabra: fue un destructor. Estos hombres deben considerarse en la sociedad como criminales. Lo destruyen todo y no construyen nada. A don Ramón lo arruinó una ideología que corre por ahí entre la gente desordenada y que él tomó muy en serio. Desde joven él gustaba decirse: "¡La vida es corta y hay que gozar! El gozo para él era apurar los vicios hasta las heces. Los ricos son brutos, si yo tuviera todo el dinero que ellos tienen, bebería el mejor vino, viviría rodeado de mujeres. ¡Hay que gozar, la vida es corta!...".

Los hombres que viven la vida con tanta "impetuosidad", generalmente no viven demasiado. Y si viven es para sobrevivirse a sí mismos. Sobrevivirse a sí mismos es una de las cosas más tristes que le puedan suceder a un hombre. El caso de don Ramón era la tragicomedia de un hombre que apuró todos los excitantes de la vida por placer hasta que destruyó su salud física y espiritual y ahora tenía que seguir apurando excitantes para no verse a sí mismo. Era como el hombre a quien han adormecido con cloroformo y al despertar se le ocurre cerrar los ojos para no ver la pierna que le han amputado. Hombres que se proporcionan una realidad horrible y después le tienen horror a esa realidad.

Pero don Ramón no tenía valor moral para encarar dignamente su desgracia. En vez de pedir perdón por sus culpas, se vengaba contra la sociedad, contra sus amigos y contra su sufrida y desgraciada familia...

—Sí, ya sé que ustedes se avergüenzan de mí, ya sé eso, pero no me importa. Dicen que la gente se ríe de mí, pues déjenlos que se rían. Ellos creen que no son payasos. Ellos se creen perfectos y son más corrompidos que uno. No hay nadie perfecto en este mundo. ¡Todos somos unos sinvergüenzas! Lo que pasa es que unos aparentan; y yo, como soy pobre y humilde, creen que no valgo nada. ¡Qué se vayan al diablo! ¡Yo soy más orgulloso que todos ellos! ¡Yo también he tenido buenos amigos! ¡Les puedo probar que me he sentado a la mesa con buena gente! Ahora, como ya no tengo dinero, nadie me hace caso; pero a mí no me importa. Mi misma familia, ¡quién lo creyera!, se avergüenza de mí. ¡Qué se vayan al diablo! Ya me voy a morir para no servirles de estorbo.

—Por Dios, Ramón —le decía doña Magdalena—, ¿cómo se te ocurre decir que nos avergonzamos de vos? Lo que decimos es que hacés cosas que no se deben hacer.

—¿Qué no se deben hacer? ¿Y a mí quién me manda? Vaya, esto sí que está divertido, uno tiene que pedir permiso hasta para hablar...

—Si no es eso, Ramón. Oye, por Dios: tus hijas son jóvenes, se quieren casar bien, ¿comprendes? Pero los hombres se fijan en todo y no les gustaría tener un suegro tan... tan... discutidor, Ramón. Supongamos que una de las muchachas se case, tú vas a querer que tu yerno opine como vos y sino hasta le vas a querer pegar. Además, Ramón, tienes el defecto de hablar muy fuerte cuando andás en la calle y la gente se queda mirando... ¿Por qué hablás tan fuerte, Ramón? No puedes hablar suave, así como toda la gente? ¿Qué necesidad hay de gritar? Supongamos que Manuelita o Ernestina consigan un novio y vengan a visitarlas... ellas van a tener que llamarte para presentarte al novio. Le van a decir, éste es nuestro papá, Ramón Maldonado. Y vos que no te cambiás el cuello. ¿Te das cuenta? Pero no es eso lo importante, Ramón; lo importante es que, en vez de saludar y retirarte, te vas a aplastar a platicar con ellos y seguramente la discusión va a venir porque con vos nadie puede hablar sin discutir. Ellos no van a estar de acuerdo si les decís que la nieve es negra. ¿Quién va a estar de acuerdo? ¿Te das cuenta? Y lo peor de todo es que no van a volver a la casa... ¿Te das cuenta? Y ese es el porvenir que vos les ofrecés a tus hijas, hombre desgraciado, que no te da vergüenza. Aquí si no fuera por Rafaelito nosotras no comeríamos porque vos no sólo sos una carga, que nunca trae un centavo a la casa, sino que hasta has arruinado el porvenir de tus hijas, las pobrecitas. ¡Qué no te remuerde el alma, hombre desgraciado!...

—Magdalena, óyeme: Lo que pasa es que vos no pensás más que en casar a tus hijas. Y siempre con tus ideas de sociedad y grandeza, que nunca te faltan. Mis hijitas se van a casar con un dotor, ¿eh? ¿Qué le parece?... jJa, ja, ja, ja... vieja de ideas atravesadas! ¡Vieja embustera que sólo piensa en la sociedad! ¿En la sociedad? ¿Eh? ¿Tener un yerno que sea dotor? ¿Eh?... Ja, ja,ja,ja...

En la noche, volvía muy tarde:

—¡Abran la puerta! ¡Hoooooy! ¡Abran la puerta!

La esposa o las muchachas se levantaban a abrirle la puerta. Entonces entraba don Ramón: ebrio, sin cuello, sin sombrero. Al abrir la puerta, don Ramón que estaba recostado en el lado de la calle, caía adentro:

—¡Virgen de Dios!, es mi marido. Qué facha, bebiendo con los amigotes. ¡Vea qué cara! Déjenlo allí acostado muchachas, váyanse a sus camas; déjenlo allí tirado que no merece otra cosa. —Tanto insistía la madre que las hijas se iban a acostar, y también ella, pero volvía al poco rato.

—Ramón, por Dios, ¿te has muerto? ¿Niño, estás muerto?

¡Ramón! ¡Ramón!

—¿Quí hay? ¿Quí hay? ¿Quién habló?

—¡Ramooón!, por Dios, venite a tu camita, te puedes morir aquí con el frío de la noche. ¡Virgen de Dios! ¡Cómo hago para curar este hombre! Ramón, te estoy hablando. ¡Vamos!...

Ella hacía un esfuerzo sobrehumano y por fin podía levantar el cuerpo del hombre que no prestaba ninguna ayuda. Le agarraba el brazo izquierdo y se lo echaba sobre los hombros; luego con el brazo derecho lo asía de la cintura, casi levantándolo haciendo un esfuerzo supremo lo conducía al dormitorio. Allí le quitaba los zapatos, le quitaba el saco, la camisa y lo dejaba dormido... Pero el hombre no dormía. Al momento, viéndose sin su ropa, se levantaba llamando:

—¿En dónde estoy? ¡Mi mujer me ha encerrado! ¡Mis zapatos!¡Quiero irme a la calle, mujer! ¡Dame mi sombrero! Y quiero plata para echarme un trago. Tengo la boca reseca. Necesito un trago para quitarme la "goma".

La mujer encendía la luz, esta vez enojada:

—Ramón, te callás o te callo. No te doy la ropa. Si querés andate desnudo para la calle.

Ella creía que él era incapaz de salir desnudo, pero un día salió sin ropa. Salió en calzoncillos a despertar a doña Leandra, la estanquera. Eran las 4:25 de la mañana. La pobre doña Leandra, víctima de su oficio, se había levantado cinco veces porque los ebrios nunca tienen hora fija para beber. Don Ramón fue el sexto parroquiano que llegó a golpear la puerta en el momento en que ella colocaba la cabeza sobre la almohada.

—¡Hoooy, doña Leandra! ¡abra la puerta, un traguito!...

—Mamá, no se levante—le contestó Rosita, la hija de doña Leandra.

—Un momento, señor por ay va—le contestó Rosita a don Ramón.

La muchacha se vistió, tomó una vela en la mano y se dirigió al cuarto de las bebidas.

—¿Cuánto va a querer, señor? —le preguntó la muchacha, sin abrir la puerta.

—Deme dos dobles de aguardiente que mañana se los pago, niña—contestó don Ramón.

—No fiamos, señor—contestó la muchacha.

—Soy don Ramón, dígale a mi comadre Leandra que soy don Ramón, que sólo espero que el Gobierno me pague el sueldo retrasado de mi hijo para pagarle. Dígale eso.

Tanto insistió el viejo que al fin consintieron las dos mujeres en darle a buena cuenta dos dobles.

—Si este viejo sucio no nos paga—dijo la estanquera—doña Magdalena nos paga porque es una mujer decente.

—Apúrese, por Dios, que hace frío y ando desabrigao—volvió a repetir don Ramón.

La muchacha sirvió el aguardiente en una copa de cristal y se dirigió a abrir la puerta para entregársela. Don Ramón, que tenía todo el pecho, los brazos y los hombros descubiertos, al empinarse para alcanzar el licor, dio la impresión de que estaba desnudo completamente, entonces la muchacha no pudo contener un susto de sorpresa:

—¡Madre! ...¡Dios mío!...

Con el susto, don Ramón se vertió encima el aguardiente, y entonces él—más preocupado por la pérdida del aguardiente que por el susto de la muchacha—se volvió a su casa. No le quedó más consuelo que oler el perfume del aguardiente derramado sobre su cuerpo...

Mientras tanto, doña Magdalena que había escondido la ropa de don Ramón, creyó que no saldría. Sin embargo, para estar segura que el hombre dormía, fue a observarlo y se encontró, con sorpresa, que había desaparecido.

Doña Magdalena, aunque robusta y de buena apariencia física vivía muy enferma. Constantemente sufría gripes y dolores de cabeza. Al contrario de su marido que era mestizo, ella era mujer blanca, hablaba con orgullo de su color blanco. Vivía agradecida con Dios por los hijos que le había dado, pero no se conformaba con los grandes defectos de su marido. No obstante, lo había querido mucho y lo seguía queriendo...

A la mañana siguiente, a consecuencia de la salida a la calle, en busca de don Ramón, doña Magdalena se había enfermado y permanecía en cama. Don Ramón legaba de la calle—como de costumbre—, ebrio y con un paquete bajo del brazo:

—Vieja, aquí te traigo, ¿cómo te sentís, vieja?

—Un poquito mejor, Ramón, el médico dice que me voy a mejorar. Dice que no es pulmonía. ¡Qué dicha!, ¿verdad?

—¿Qué dicha? Pues está claro que es una gran dicha.

Los dos viejos se habían reconciliado como sucedía siempre después de sus continuos enojos.

—Vieja, te vas a comer un pollo asado que te traigo. "El hombre abrió el paquete—. ¡Está de rechupete! —Se chupó los labios.

—No, Ramón, me muero de hambre, pero no puedo comer eso. El médico no quiere.

—¿El médico? ¿Quién les hace caso a los médicos?...

—Ja, ja, ja, ja, viejo estúpido, cómo se te ocurren esas cosas...

—Ajá, ya te rís, ya te rís, ya podés comer gallina. Oye, me la regaló Nemesia, la tuerta, para vos.

—Pues cométela vos, Ramón, déjale su parte a Rafaelito y a las muchachas...

—¡No! ¡Es para vos! ¡Nemesia se puede enojar!...

El viejo quitó el mantelito que cubría el pollo asado y un delicioso olor llenó el recinto.

—Mirá para que no digás que soy hambriento. Sólo me como una pata. —El viejo empezó a masticar sabrosamente. Los dedos llenos de grasa se los limpiaba en la barba peluda. Se oía el ruido de los dientes masticando. Magdalena lo miraba muerta de hambre.

—Ramón, dame a probar a ver si me muero...

—¡Qué diablos! No te morís. Hay que comer para vivir...

La mujer alcanzó un pedacito de carne blanca, luego otro, luego otro y otro más.

—Tomá, comete esta pierna entera. —Y le alcanzó una pierna.

—No, Ramón, me dan ganas, pero...

La mujer acabó por comerse la pierna.

—Aquí está otra pierna. Lo que tenés es hambre. Los médicos no saben eso...

La mujer rehusó, pero tanto insistió él que ella acabó por comérsela. Cuando concluyeron ella había comido tanto como él.

Esa noche, como de costumbre, don Ramón salió "de parranda" con los amigotes. Tarde de la noche doña Magdalena sintió la temperatura muy subida, luego unos deseos de vomitar. El estómago se le había descompuesto... Llamaron al médico, éste dijo que además de la gripe, la mujer sufría de indigestión. Preparó una medicina para el estómago como medida preventiva.

Doña Magdalena se sintió mal, la temperatura era de 40 grados y subía. Los hijos, Rafaelito, Manuelita y Ernestina lloraban al borde de la cama. Doña Magdalena presentaba un aspecto de moribunda, estaba realmente grave:

—Mamita mía, ¿qué te pasa?;Qué sientes, mamita de mi corazón? Mamita, ¿dinos qué sientes? Oye, mamita de mi corazón, tu Manuelita te habla. Mamita, nos morimos de pena si no te mejorás... Ay, madre de mi corazón. Dios mío, si no se mueve. ¡Madre! ¡Madre! ¡Si hoy estabas casi buena! Ernestina, ¿qué hacemos? Por Dios, Señor Todopoderoso, ayúdanos, nuestra madrecita se nos está muriendo. Virgen de los Desamparados, ay...ya no puedo. Ay madre queridísima...jay ya no puedo! Ay madre queridísima... jay!... jay!... ¡ay!... ¡jay!... ¡ay! ... ¡ay! ... ¡ay! ...¡ay!... Si mamá no se compone yo me muero... Ay, Rafael, ¿qué tiene nuestra madre?, ha perdido el conocimiento... ¡Ay! ... ¡ay!... ¡ay!... Dios mío, por Dios, ¡qué tiene nuestra madre! ...Madrecita de todo mi corazón, tus hijos se mueren si tú nos abandonas... ¡Ay!... ¡ay!... ¡ay!... ¡Virgen!... ¡Ay!... ¿Qué te pasa, madre de todos mis amores?... ¡Madre!... ¡madre mía!... ¡madre mía!¡madre mía!...

Manuelita había sido siempre la hija más cariñosa y la que más quería la madre, probablemente por ser la menor. Tenía 14 años, ojos negros, cabello castaño y cutis tan blanco como el de la madre. Ernestina y Rafaelito eran trigueños, casi tanto como el padre. Ernestina tenía 16 años y Rafaelito 24. Era él un buen muchacho, serio, trabajador y honradísimo. Era, como dijimos, el que sostenía a la familia.

Tarde de la noche, cuando don Ramón regresó, la enferma se encontraba sola y el marido se dirigió a la cama de ella:

—Vieja, ¿no te has levantado? ¿Quieres otro pedazo de pollo asado? Hace mucho calor en este cuarto, te voy a abrir la puerta para que entre el aire. La enferma, sin conocimiento, estaba sudando y una fuerte racha de viento empezó a penetrar por la puerta que él abrió, y a remover las sábanas de la cama. El cuarto era grande y arreglado con extremada humildad. Una puerta daba para la calle y otra para un solar. En la pared colgaban cuadros de santos. Por la puerta que daba para el solar se veían gallinas, patos y cerdos. Parecía casa de campo. Al lado de la cama de la enferma había otra cama que era la de don

Ramón. El piso era de ladrillos, la pared de adobe y el techo de teja. Se veía la pobreza en las sillas deterioradas, y las cortinas, aunque limpias, parecían bastante usadas.

Algún rato después, el hijo volvió con el médico. En el otro cuarto se oía llorar lastimosamente a Ernestina y Manuelita. El médico, al ver la puerta que don Ramón había abierto, le dijo a Rafaelito:

—Amigo, ahora es difícil salvar a su madre, vea la corriente de aire sobre la cama...

La temperatura de la enferma había subido. Los ojos se le habían dilatado, la lenga pastosa yacía afuera de la boca. El médico comprendió al momento que la mujer empezaba a agonizar...

El hijo corrió a cerrar la puerta, luego descubrió en una esquina a don Ramón, parecía un atado de ropa negra:

—Viejo imbécil, ¡asesino! —le dijo—. ¿Por qué dejó la puerta abierta?

Don Ramón no contestó, parecía una piedra, todo él encogido en la silla, sin responder.

El médico y el hijo salieron a traer unas medicinas. El médico quería demostrar eficacia e interés, pero en el fondo sabía que la enferma se moría... Una inyección no podría acelerar ni retardar la agonía.

Después que el médico y Rafaelito salieron, alguien tocó a la puerta de la calle. Volvieron a tocar con fuerza y cuando don Ramón fue a abrir, apareció un hombre malicioso y mal vestido:

—Don Ramón —le dijo—, manda a decir doña Leandra, la estanquera, que usted le robó cinco pesos que dejó en el mostrador cuando usted entró y ella estaba atendiendo a los clientes...

—¿Me habrá mirao cara'e ladrón esa vieja usurera?

—Pues yo no sé, pero yo me lo voy a llevar porque ella me dijo que me lo llevara de cualquier modo.

Don Rafael dio un paso atrás, pero ya era tarde, el otro hombre más alto y con más fuerzas que él, lo aprehendió por detrás.

—Qué te has pensao—le dijo don Ramón— venir a atropellarme en mi propio hogar. Altanero y sinvergüenza, esperá a que llegue mi hijo...

El otro, sin hacer caso y con una maestría y prontitud admirables, sacó una cuerda y lo ató de los brazos por detrás. Luego se lo echó al hombro, como si hubiera sido un fardo, y se fue con él.

El médico y Rafaelito volvieron y encontraron nuevamente la puerta abierta. En el cuarto vecino, Ernestina y Manuelita continuaban llorando desesperadamente. Era un llanto lastimero y conmovedor. El médico hablaba poco, le intrigaba saber el motivo de la indigestión, quería interrogar a las hijas acerca de la alimentación que le habían dado a la enferma. Estas no salían del cuarto en que lloraban.

—Usted pregúnteles, amigo —le dijo a Rafaelito.

Este fue y volvió con la contestación:

—No le han dado nada, excepto lo que usted ha recomendado, líquidos.

—¡Qué caso tan extraño! ¡Qué caso!...

—Mi padre volvió a dejar la puerta abierta, doctor —le dijo Rafaelito cuando descubrió la corriente de aire.

El médico se levantó a tocar el pulso de la enferma, la mujer continuaba agonizando.

—Amigo, su madre se muere, es bueno que se lo diga a sus hermanitas...

Rafael hizo una triste mueca de dolor y cólera, se levantó y se volvió a sentar en la misma silla.

En ese momento empezaron a llegar mujeres en silencio, saludaron suavemente y se sentaron en unas sillas. Por fin una de las señoras se levantó y fue a hablarle en secreto a Rafaelito, éste contestó en voz baja y volvió a bajar la cabeza con dolor. Reinó un profundo, un lúgubre silencio. De repente, el silencio se interrumpía con los sollozos de Ernestina y Manuelita, en el cuarto vecino. En la orilla de la cama yacía el médico. Las señoras que habían entrado lo miraban con atención tratando de descubrir en sus gestos y ademanes, el significado de lo que pensaba. Lo que pensaba el médico era que la vida de doña Magdalena no duraría sino unos pocos minutos. Había perdido la voz. Rafelito hizo dos intentos para hablar con ella:

—¡Madre, madre! ¿Me conoces? ¡Madre!

La pobre señora era incapaz de reconocer a nadie. Llegaron más señoras. Rafaelito las recibió, hablaron con él en silencio y se sentaron como habían hecho las primeras. Volvió a reinar el lúgubre silencio de antes, parecía que estaban velando un cadáver. Las personas estaban allí como piedras, como postes; se miraban las caras, pero no hablaban. Lo único que hacían todas las mujeres era ver la cabeza de Rafaelito, hundida entre las manos. Todos, inclusive el médico, sentían pesar por el pobre hijo.

En la tarde habían llegado más personas. Las hijas continuaban en el cuarto vecino, sin querer hablar con nadie, Los que llegaban tenían que sentarse sin esperar que los recibieran. Rafaelito continuaba en la misma posición.

A eso de las cuatro de la tarde, por fin, el médico que había continuado a un lado de la cama, se levantó al ver que la mujer se estremecía.

Nadie puso mayor atención al médico que observaba a la enferma. Después de algún momento, el médico se dirigió al lugar de Rafaelito:

—Acaba de morir—le dijo.

Un niño apareció en la puerta:

—¿Qué quiere? —le preguntó suavemente el médico.

Aquí manda don Ramón otro pedazo de pollo asado para doña Magdalena. Que se lo regaló Nemesia, la tuerta, y que con esto se va a mejorar.

—Dígale—dijo el médico con ironía—que doña Magdalena ya murió. Que venga a arreglar cuentas con el cadáver...

# PILAR

Pilar era gallega y lavandera. Se había vuelto últimamente muy cargada de carnes, era blanca y pecosa, tenía expresión de humildad y resignación, ojos pardos y cabello negro. Con aspecto de buena salud. Era ante todo gallega, es decir, no tenía distintivos individuales, sino raciales.

Había nacido Pilar en una aldea, cerca de la ciudad de Pontevedra, capital de una de las cuatro provincias del antiguo reino de Galicia. En esta humilde aldea tuvo ella su primero y único amor. Allí vivía tranquilamente cuidando gallinas y cerdos o empleando el día en quehaceres domésticos, cuando conoció a su novio. Era éste, según relataba, alto, moreno, apuesto, gracioso. Ella se enamoró con locura. Él le correspondió apasionadamente. Dispusieron, después de un amor impetuoso y juvenil, casarse. Pasaba esto a principio del invierno, concertaron el matrimonio para fines del otoño, pero en cuanto llegó el verano el novio se casó con otra mujer...

Es necesario tener la pureza o ingenuidad de una aldeana para imaginar siquiera el dolor de Pilar.

Ella tenía una fe ciega en la caballerosidad de su novio, jamás tuvo la menor sospecha de que él la abandonara. Tanta fe tenía que al principio dudó que él se hubiera casado, pero cuando estuvo segura, sintió que se le abría el corazón de dolor. Todo su castillo de ilusiones se vino al suelo. En medio de su dolor llegó a culparse por la fe que había puesto en él. Marcelino se había casado con la otra sin cariño, se había casado porque la otra era rica. Sin embargo, no bastó que Marcelino se hubiera casado sin cariño para que Pilar se conformase. Se sintió robada de un porvenir que ya no sería posible volver a acariciar con tanto entusiasmo. No creyó que volverían a renacer nunca las semillas de sus esperanzas. Tan grande fue el dolor y la desilusión de la pobre muchacha, humillada y descorazonada, que deseó casarse con cualquiera que se le presentara y venirse después a América. Esto que fue un simple deseo, resultó después una realidad. Un amante se le presentó poco después de la decepción. Se llamaba Macedonio y era gallego como ella. Lo aceptó, se casaron y después de casados se vinieron a América.

—Vamos a hacer dinero en América, Macedonio.

—Para mí es lo mismo estando cerca de usted, Pilar—le contestó el novio.

Se vinieron a "hacer la América". Pilar lo traía todo, pero dejaba su corazón en Pontevedra. Al buen Macedonio, que no tenía los atractivos de Marcelino, lo quería únicamente como instrumento de despecho. Este ardid, sin embargo, tuvo resultados: Marcelino sintió unos celos terribles cuando supo que Pilar se había casado y se había venido para la América. Esta actitud fue el resultado del orgullo, pero también del cariño que le seguía teniendo a Pilar... Se consideró, sin embargo, culpable él mismo y pudo entonces apaciguar su cólera y pesar...

—El dinero sin amor para nada sirve —le dijo su yo.

—Pero Pilar, sin dinero... tampoco sirve —le contestó el otro yo.

Luego descubrió en su larga meditación, no sin poco dolor, que en América habría tenido las dos cosas: dinero y el amor de Pilar. Entonces fue cuando se condenó a sí mismo y se arrepintió de haberse casado con una mujer rica a quien no amaba. La mujer con quien Marcelino se había casado era alta, flaca, de mal humor, reticente, dominante, egoísta, pero trabajadora y económica. De esta manera había conservado ella el capital heredado de su primer esposo. Doña Joaquina, que así se llamaba, era además diez años mayor que Marcelino. Es fácil deducir que no se casaron por amor. El abandonó a Pilar, su verdadero amor, por el dinero de doña Joaquina. Y ésta —sacrificando un poco su tranquilidad de espíritu y poniendo en peligro su fortuna— se casó con Marcelino no por amor sino por el atractivo que la juventud, el donaire y aspecto varonil le inspiraban.

Cuando Pilar y su marido Macedonio desembarcaron en Buenos Aires, las perspectivas de trabajo fueron abundantes. Pilar quiso darse a trabajar para olvidar así el recuerdo de Marcelino. Trabajó con mucho entusiasmo. Macedonio resultó un buen marido, trabajador, sufrido, económico y cariñoso con Pilar. En aquel tiempo los inmigrantes encontraban en Buenos Aires perspectivas de trabajo que no encuentran ahora. Pilar recibía un buen sueldo como lavandera, tiempo le hacía falta para cumplir con la abundancia de trabajo que se le ofrecía. Macedonio principió a devengar otro buen sueldo como empleado de la compañía inglesa de ferrocarriles. Pero Macedonio tenía que trabajar rudamente, a veces de noche, otras veces en el invierno, con poco abrigo, pues en ese tiempo todavía no habían comprado la suficiente ropa para protegerse del invierno. Un día Macedonio volvió del trabajo con un resfrío, Pilar le preparó una taza de leche caliente. A la mañana siguiente, bastante mejorado, se fue al trabajo. Ese mismo día, cuando volvió por la noche, tenía fiebre. Al cuarto día ya no pudo ir al trabajo. En la tarde mientras tosía constantemente, sintió un dolor en la espalda. Llamaron inmediatamente un médico, Pilar tuvo que deshacerse de sus primeros ahorros, los de su marido y adeudarse con el médico. Lo que Macedonio tenía era pulmonía. El médico le prodigó muchos cuidados, un día llegó con otro médico, los dos opinaron que el enfermo tenía pulmonía. Lo continuó asistiendo el primer médico, pero cinco días después murió Macedonio.

Pilar no le tenía amor sino gratitud, pero lloró. Lo enterró y mandó a decir una misa por el alma del muerto. Después, cuando su hija Teresa nació, le enseñó a venerar el nombre de Macedonio. La niñita era rubia, delgada, un poco pálida y enfermiza, pero Pilar con su cuidado materno, la hizo crecer hasta convertirla en la alegría del hogar. Pilar, que seguía dedicándose al oficio de lavandera, siempre andaba en la calle con Teresita. Era un cuadro familiar ver a Piar por la calle con una canasta muy grande en la cabeza, sosteniendo la canasta con la mano derecha y con la izquierda sosteniendo a Teresita.

Mientras Pilar, después de la muerte de Macedonio, trabajaba en silencio, pero con tranquilidad, Marcelino en Pontevedra se sentía cada día más desgraciado. El mal humor de doña Joaquina había llegado a hacerle la vida insoportable. No obstante, habían tenido un hijo varón, Román. Este hijo, en vez de unirlos, los había separado más. El hijo era motivo de discusiones:

—Puedes irte, pero Romancito se queda conmigo.

—El día que me vaya, me lo llevo —decía Marcelino.

—Yo le puedo dar carrera —decía ella—; tú eres un pelagatos.

Marcelino llegó a sentir un odio sordo para su esposa. Comprendió que ella lo aborrecía cada día más. Doña Joaquina era muy económica y Marcelino no podía, a pesar de su insistencia, divertirse con el dinero de ella. Fue tan grande el odio que se formó en el corazón de Marcelino, que un día decidió asesinarla. Creyendo él que nadie se podría dar cuenta de que él fuese el autor del crimen, compró un veneno y a la hora de comer se lo derramó en una taza de café. Ella no tenía herederos por parte de su familia y Marcelino creyó que él, y su hijo, podrían heredar la fortuna de ella y embarcarse después para América. Marcelino planeaba siempre el viaje a América por el deseo de ver a Pilar.

El envenenamiento de doña Joaquina se produjo instantáneamente. Marcelino hizo todo el aparato para convencer a los amigos y a las autoridades que su esposa había fallecido de muerte natural. Pero las autoridades del pueblo tuvieron sospechas y se acordó que se hiciese la autopsia del cadáver para encontrar la causa de la súbita muerte de doña Joaquina. Ante esta decisión, el marido se opuso terminantemente.

Las autoridades, ante la negativa del marido, fortalecieron su sospecha e insistieron en la autopsia del cadáver. Marcelino, viéndose descubierto en su horrible crimen, no tuvo más remedio que embarcarse para América. Romancito, el hijo, quedó en manos de los parientes. Fue tan súbita la huida de Marcelino que no pudo traerlo consigo.

Pilar se encontraba trabajando afanosamente, cuando se le presentó su antiguo novio:

—Dichosos los ojos que te ven, Pilar.

Pilar, al ver a su novio, se desvaneció, después dueña de sí, le respondió:

—Señor, ¿qué se le ofrece?

—Mujer, ¿ya no me conoces? ¿No te acuerdas de Marcelino, el de Pontevedra?

—Sí que me acuerdo, pero ahora no necesito de hombres como usted. Vivo de mi trabajo.

—Mujer, vengo a casarme. Mi esposa se murió, ¡soy viudo, Pilar!...

El apartamento en que vivía Pilar con su hijita en ese tiempo,

estaba situado en el barrio Mataderos. Era una de esas casas llamadas conventillos en Buenos Aires. Como es costumbre en esos lugares, la gente hacía demasiado ruido y escándalo. Peleaban algunos matrimonios, otras veces unas familias con otras también discutían con mucho ruido. Algunas mujeres solteras metían hombres en sus cuartos. Pilar tenía fama en el conventillo por su tranquilidad, por su dedicación al trabajo de lavandera y por su amor a su hijita, Teresa.

Aquí a este lugar, después de muchos años, vino Marcelino. Con los parientes de Pilar en Pontevedra, había obtenido la dirección de ésta en Buenos Aires. Llegó Marcelino al conventillo sin dificultad. Tanto le suplicó, le rogó y le recordó el viejo amor de los dos en Pontevedra, que Pilar acabó por perdonarlo y arrojarse en los brazos del antiguo amante. Quedó convencida y satisfecha cuando supo de labios de Marcelino que doña Joaquina había muerto de muerte natural y que inmediatamente él se había acordado de Pilar y por eso venía. Su hijito, Román, lo había dejado con un tutor que le administraría la herencia de la madre. El, Marcelino, no necesitaba el dinero de la difunta. Venía pobre a trabajar y hacer fortuna en América. Pero, sobre todo, venía por el deseo de vivir al lado de Pilar. Ella creyó que todo lo que él le decía, especialmente la causa de la muerte de doña Joaquina, era verdad. Pilar, después con entusiasmo, le contó que también ella era viuda. Los dos, en compañía de Teresita, dieron principio a una nueva vida.

Aunque en Pontevedra se realizó la autopsia del cadáver y se verificó que doña Joaquina había muerto de un envenenamiento de estricnina, Marcelino se consideró en América más allá de las manos de la justicia. Cuando se buscó al marido, éste venía ya camino de América. En aquel tiempo no había tratados de extradición entre España y la República Argentina. De modo que en Buenos Aires pudo vivir tranquilamente en unión de Pilar y Teresita. Las autoridades de Pontevedra, viéndose impotentes para castigar al criminal, se conformaron con hacer un inventario de la fortuna de la muerta y designaron un tutor para que administrara los bienes de Romancito, el único heredero legítimo de doña Joaquina.

Marcelino encontró trabajo desde su llegada y vivió con Pilar y Teresita tranquilamente. Marcelino era hombre sin vicios, amigo del hogar, siempre volvía a la casa después del trabajo. Sin embargo, tenía momentos de meditación y silencio que no pasaban

desapercibidos para Pilar. Ya no era el Marcelino alegre que ella había amado con su alegría de muchacha, en Pontevedra. Aquel

Marcelino, más que gallego, parecía andaluz, era tan dicharachero y jocoso.

—Te encuentro diferente, Marcelino—le decía ella

—¡Y… los años! —decía él.

También Pilar, lo mismo que Marcelino, trabajaba todo el día. Tenía la costumbre de dejar la casa dos veces por semana, en las mañanas. Se dedicaba ella, en compañía de Teresita, a entregar la ropa a todas sus patronas. También recogía ropa sucia. Empleaba casi todo el día, pues tenía que ir a diferentes barrios de la ciudad. Los días en que ella no hacía estas salidas, los empleaba en lavar ropa. Ya Teresa era una niña de diez y seis años y le prestaba mucha ayuda a su madre. Las dos mujeres trabajaban mucho, pero economizaban lo suficiente para vivir holgadamente. Además, Marcelino gastaba su sueldo con ellas, les hacía muchos obsequios.

Fue en una de estas salidas de Pilar y Teresita —que como dijimos hacían dos veces por semana— cuando vinieron al centro de la ciudad dejando en casa a Marcelino. Fue seguramente en uno de esos días en que Marcelino gozaba de día franco y lo empleaba leyendo el periódico y durmiendo en la casa todo el día. Después, en la tarde, invitaba a Pilar y Teresita a un cine que había cerca, en el barrio. Fue en uno de esos días en que —además— Pilar y Teresita volvieron muy temprano. Habían regresado temprano sin que ellas mismas supieran la causa. Pilar había sentido una nerviosidad y un deseo extraño de regresar pronto a la casa, sin que ella ni Teresa tuvieran mayor urgencia. Habían llevado la ropa a un cliente de la calle Carlos Pellegrini, después habían tomado el tranvía hacia la calle Viamonte y a igual altura de la dirección de Carlos Pellegrini, habían entregado muchas camisas, cuellos y camisetas de hombre. En la calle Piedras, cerca de Alsina, habían recogido ropa sucia de otras abonadas y luego habían tomado el tranvía de regreso para Mataderos.

Cuando llegaron a la casa, la puerta del apartamento estaba abierta. Supusieron que Marcelino estaría adentro. Pilar se dirigió al dormitorio y Teresa se dirigió a la cocina a preparar las bombillas de mate que tomaban en la tarde. Pilar llamó a Marcelino, pero no tuvo respuesta. La respuesta que tuvo fue de Teresa. Un grito horrible, lastimero y lleno de terror:

—¡Madre! ...¡Madre!... ¡Dios mío! ...¡Madre!...

Pilar no pudo ni siquiera contestar. Con el grito de Teresa le flaquearon las piernas y apenas pudo llegar a la cocina, deteniéndose con la mano el corazón que se le saltaba.

En el suelo, con dos horribles puñaladas en el pecho, yacía el cadáver de Marcelino. El cadáver yacía en medio de un río de sangre. En el departamento no había nadie. Reinaba el más profundo silencio. Se oía, tranquilamente conversando, la voz de algunos inquilinos en sus departamentos. Fue necesario que Pilar y Teresa empezaran a dar gritos y a llorar, para que principiara a arribar la gente. ¿Quién era el asesino? ¡Por dónde había huido! ¿Quién había asesinado a Marcelino? ¿Tenía enemigos Marcelino? Nada, nada se sabía. Marcelino era un hombre muy reservado. Los inquilinos no habían visto entrar en la casa a nadie. Se buscó el arma pero tampoco se encontró...

Sin embargo, en la Comisaría 42, de Mataderos, se presentó un joven con un puñal:

—Soy el autor del crimen—dijo—. Desde que tenía 7 años juré matarlo y he venido a cumplir mi promesa desde España.

—¿Cómo se llama? —le preguntaron.

—Román.

—Román qué?

—Román Pereira—contestó—. Es el apellido de mi madre...

# HISTORIA DE UN GRAN AMOR

Esta historia me la contó doña Antonia, mi patrona. Doña Antonia, como buena andaluza, es jovial, alegre, chistosa y emprendedora. La conocí cuando vine como inquilino a su casa, me gustó su carácter comunicativo que no abunda entre la desconfianza cosmopolita de Buenos Aires. Hablaba de Andalucía con una graciosa exaltación. Después apareció su esposo y me lo presentó. Por hablar de todo, nos olvidamos del precio de la pieza. Ella me aseguró que el dinero era repugnante para los andaluces y rehusé hablar de dinero. Su esposo, un hombrecito pálido, bajo, delgado, sin barba ni bigote, resultó reticente, a pesar de ser también andaluz. Yo pensaba en Andalucía: tierra de encanto, provincia española, madre de América, que sabe hablar el castellano sin z como nosotros...

Hablé con el marido porque aún tenía asuntos que terminar durante el día. Me gustaba pensar que viviría aquí, en el sexto piso, aire, sol, el río: los barcos que llegan a Buenos Aires...

Le dije a don Manuel:

—Muy bonita la pieza. ¿Se puede saber el precio?

Resultó cara y hablamos de rebajar...

—No, no se puede rebajar —me contestó—. Es casi nueva, tiene comodidad. Por el mismo precio no encontrará otra igual.

Me gustó creer que así era y tomé la pieza. Doña Antonia me refería con vivacidad (en los días que siguieron) su vida en Andalucía y en la Argentina. Me contaba cómo fue la operación de su esposo, don Manuel. Tenía una úlcera en el estómago: ¡Ay!, ¡cómo sufría Manolo! Me contaba su lucha penosa en América al principio: casas de pensión, venta de mantones de manila a las inglesas y norteamericanas que viven en Belgrano, su buena sirvienta Rufina, su casa que tiene en la calle Venezuela, su dinero...

Un día le pedí que me contara sus recuerdos de la casa de pensión en la Avenida de Mayo. Se afanaba en cortar un disfraz de carnaval cerca de la máquina de coser y le dijo al marido:

—Cuéntale, Manolo, la historia de don Guillermo.

Y luego, dirigiéndose a mí:

—Viera, parece novela...

—No vemos a don Guillermo Moll desde hace tiempos —dijo don Manuel.

—Cuéntale, cuéntale —insistió ella.

—Don Guillermo —se precipitó ella a contar sin esperar que don Manuel diera principio a la historia—vivió en mi casa, era inquilino como usted. Llegó a nuestra casa herido en la cabeza de un golpe que se dio al bajar la escalerita del vapor. Venía de Holanda, su país. Era un hombrón, altísimo, rubio y muy blanco, buen tipo, era muy ingenuo y hablaba un castellano divertido. Decía:

—Doña Antonia, mi estar mucho caliente, señoga...

Pero primero le voy a hablar de Susana. Le voy a contar cómo conoció don Guillermo a Susana. Susana Álvarez era muchacha argentina, de madre alemana y padre español. Era no bella, pero tenía un no sé qué de atractivo. ¿Te acuerdas, Manolo? ¡Muy inteligente la muchacha! ¡Tenía una gracia para los chistes! ...Se educó en los colegios argentinos y como era despierta de naturaleza, pronto aprendió idiomas y empezó a frecuentar la sociedad alemana de Buenos Aires. De este modo, Susana conoció a un señor alemán, don Carlos Henderley, con quien contrajo matrimonio. También don Carlos, como todos los alemanes, era grandote pero diferente de don Guillermo, ya verá.

Don Carlos era gerente de una casa bancaria de Buenos Aires, pertenecía a una familia aristocrática de Berlín. El padre de don Carlos era un alto empleado de la corte del Kaiser Guillermo II y la madre era una camarera de la esposa del Kaiser. ¡Qué me dice! Pero lo mandaron a Buenos Aires porque de joven había sido calaverón.

Pues como le iba contando, don Carlos contrajo matrimonio con Susana, nacieron dos niños, un niño y una niña. Al poco tiempo de casados, ninguno de los dos era feliz, pero como ella era mujer inteligente, logró acomodarse a los gustos de él. Así pasaron doce años de matrimonio. Los padres de él, quisieron naturalmente conocer a su nuera: entonces él le propuso a su mujer hacer un viaje a Alemania. Un día se embarcaron con sus dos hijitos a bordo del vapor "Cap Polonio". Naturalmente los recibieron bien en Berlín, es decir, el padre, los hermanos y los tíos, pero a la suegra le chocó la vivacidad locuaz de Susana; acostumbrada a la etiqueta palaciega, la señora no pudo soportar el americanismo de Susana. Don Carlos lo comprendió, y entonces él dispuso irse a vivir con Susana a París. Esto sucedía en la primavera de 1914.

Al llegar a París estalló la guerra. ¡Qué me dice! ¿Se imagina aquella criatura con sus niños en París durante la guerra? Sabrá usted que durante la guerra lo primero que hicieron fue poner presos a los alemanes en París, confiscarles sus propiedades, etc. Pues esto fue lo que hicieron con Susana y don Carlos: los pusieron presos y les confiscaron todo cuanto tenían. ¡Qué me dice! Pero verá usted: Susana, como le dije, era de nacionalidad argentina. Era lista y recurrió al cónsul argentino en París. El cónsul, una buena persona, consiguió la libertad de ella con sus hijos. El equipaje, como le dije, fue confiscado en la concentración de los prisioneros. De manera que Susana no tenía más que el vestido que llevaba puesto y el dinero suficiente para pagar el primer barco a la Argentina. Se embarcó en un barco holandés, el "Gelria". Y, ¿quién cree usted que era el capitán de ese barco?... Pues don Guillermo, ya verá usted lo que pasó después.

Susana, como le dije, se embarcó sin equipajes, únicamente con el vestido que llevaban puesto ella y sus hijitos. Don Guillermo, con quien hizo amistad a bordo, sintió compasión por ella y le facilitó dinero. Los dos se hicieron buenos amigos. Él no hablaba castellano, pero ella, como le dije, hablaba alemán. Así vinieron los dos, buenos amigos, a Buenos Aires. El pobre don Guillermo no sabía lo que le esperaba: él traía a bordo un contrabando de salvarsán. Cuando este contrabando fue descubierto por los ingleses, el nombre de don Guillermo fue puesto en la "lista negra". El barco se volvió a Europa porque no era alemán sino holandés, pero don Guillermo tuvo que quedarse. Le pagaron el valor de lo confiscado, pero lo obligaron a permanecer aquí. En Buenos Aires no conocía más que a Susana. Ella le ayudaba como intérprete, fue ella la que vino a nuestra casa a alquilar una pieza para él. Vino él después, le gustó la pieza y se quedó a vivir en nuestra casa. Así fue cómo conocimos a don Guillermo. Nosotros sentimos una gran compasión por él, por no saber el idioma. Susana venía a visitarlo todos los días, le daba unas divertidas lecciones de castellano.

Nosotros los oíamos hablar: "Esto se llama pie, esto se llama nariz, esto se llama boca; repita... ¿Cómo dijimos que se llama esto?...

Y luego reían alegremente cuando él se equivocaba... Primero venía Susana con su muchachita, pero después venía sola. Me extrañó que viniera sola a la pieza de un hombre. De don Carlos no se sabía nada, todavía estaba preso en Francia, no escribía. Susana principió a sentir gran pasión por don Guillermo, lo quería más que a sus padres, que, a sus hijos, que a su esposo... Un día don Guillermo dejó nuestra casa sin motivo. Pero pronto supimos la causa: se había ido a vivir con ella a una casa que habían alquilado en la calle Uruguay. Empezó para don Guillermo una vida de felicidad que él nunca había conocido. Imagínese que a la edad de 12 años había entrado en un barco como grumete hasta ahora que tenía 40. ¡Qué me dice! Había conocido únicamente los amores pasajeros, los que conocen los marinos, amores de los puertos, etc. Poco después de vivir juntos, principió don Guillermo a dedicarse al comercio; Susana le servía de intérprete. Pero, ¿qué sabía el pobre hombre de negociar si toda su vida había sido marinero? Los pillos lo engañaron, le comieron los ahorros. Con lo que le quedaba compraron un Ford y se fueron a pasear a Rosario.

Pasaron angustias en el camino. Susana le decía a don Guillermo la mar de chistes:

—Willy, alemansote tonto, ¿quién te mandó meterte a chauffeur? ¿No ves que si los indios vienen nos van a robar?...

Don Guillermo, que era ingenuo, creía. Cuando se movía un árbol, le parecía que era una legión de indios. Pasaron dos paisanos a caballo, cetrinos y bigotudos. Don Guillermo estuvo a punto de huir. Pero se tranquilizó cuando los paisanos se ofrecieron a sacarle el automóvil del atolladero. Así, entre peripecias —nos contaba Susana— llegamos a Rosario. Al llegar vendimos el automóvil...

En Rosario don Guillermo recibió un cablegrama de Amsterdam, de la compañía de vapores de Holanda. Esto era después del armisticio, en 1918. Ya no existía la "lista negra", don Guillermo podía regresar a hacerse cargo de barcos mercantes. Primero volvieron los dos a Buenos Aires para preparar el viaje a Europa. Cuando don Guillermo preparó el viaje para irse él solo, para Europa, comprendió todo lo que quería a Susana. Un hombre tan grande y tan fuerte, acostumbrado a bregar con los elementos, se sintió tan débil que se desmayó al despedirse.

Por fin se embarcó, pero llegó hasta Montevideo. Allí bajó a tierra, y abandonó el barco en que viajaba. Cuando entró, de regreso, en la casa de Susana, ésta creyó morir:

—¡Willy! ¡Willy! ¿Qué te pasa?

Al día siguiente prepararon el viaje para irse los dos. No valieron ruegos de madre, ni lágrimas de hijo. Susana abandonó a todos para irse con don Guillermo. Se fue dejando a sus hijos, y a sus padres. Cuando llegaron a Holanda, la familia de él los recibió mal, estaban enterados de que Susana estaba casada en Buenos Aires.

Aquí empiezan los sufrimientos de él ante los desdenes de su familia para la mujer que él idolatraba. ¡Qué me dice! En vista de que la familia no la quería, la llevó a una casa de pensión. Allí quedó ella mientras él hizo el primer viaje.

Cuando volvió él, llena de tedio ella también quiso irse a bordo. Él estaba dominado por la simpatía de Susana, hizo como ella quería.

De esta manera violábanse las leyes marinas que no permiten a los marineros llevar mujeres a bordo.

Pero lograron vivir así cinco años. Recorrieron mares, conocieron países, visitaron las colonias holandesas, estuvieron en Canadá, en Francia, en España, en los países orientales; pero finalmente, un hermano delató a don Guillermo. Dijo que llevaba a bordo una mujer que no era su esposa. Al regresar del viaje, la compañía increpó a don Guillermo con este dilema: o la mujer o el barco. Don Guillermo prefirió la mujer. Entonces, viéndose sin empleo, sin más experiencias que las de marino, ella le propuso el regreso a Buenos Aires. Cuando regresaron a Buenos Aires, Susana se veía mucho más bella que nunca. Lo primero que hizo fue venir a nuestra casa. Refería mucho lo que había conocido, pero también contaba sus peripecias por el mar. El venía "chocho" con ella. Decía que, con la facilidad de ella para aprender idiomas, se había entendido hasta con los chinos... ¡Era un amorazo!

Contaba ella que él nunca la dejó hablar con los marinos, era muy celoso. El empezó otra vez a buscar trabajo, le costó encontrar, pero al fin se colocó. Se colocó en una compañía explotadora de grandes obras: caminos de hierro, puertos, canales, etc. La compañía estaba radicada en La Plata, allá se fueron. En una casita muy pequeña, muy cuca, vivieron. El amor en vez de disminuir, aumentaba. Con el pequeño sueldo de don Guillermo vivían ellos y además sostenían a los padres y a los hijos de ella. De don Carlos no se sabía nada, pero la causa porque no escribía se supo después. En el campo de concentración, el pobre don Carlos tuvo una horrible enfermedad mental. Estuvo sin poder razonar durante siete años.

Un día —mientras don Guillermo y Susana vivían en La Plata— don Carlos, inesperadamente, desembarcó en Buenos Aires. Venía de París, ya en libertad. En cuanto desembarcó tomó un coche y se dirigió directamente a casa de los suegros, es decir, los padres de Susana. Allí se encontró con sus hijitos. Luego supo la historia de Susana. Susana y don Guillermo, como le dije, vivían en La Plata. Supo también que don Guillermo soportaba a toda su familia.

Tal vez esto —por una parte—, además el poco cariño que don Carlos había tenido para Susana, es lo cierto que don Carlos no se enojó mayormente. Cosa rara: fue don Guillermo quien se sintió completamente desgraciado cuando supo que don Carlos había desembarcado en Buenos Aires. La vida se le volvió imposible. Decía con sentimiento que le daba dolor y vergüenza pensar que a pocos pasos estaba el marido de Susana...

Un día, ya no pudo más y preparó el viaje de regreso para Europa. Susana, en cambio, no dio mayor importancia a la súbita aparición de don Carlos.

Repetidas veces le decía Susana a don Guillermo que no se preocupara, que ella ya no se juntaría con don Carlos. Pero don Guillermo insistió en irse lejos, lejos. Abandonó su empleo, se embarcó y se fue dejando para siempre a Susana.

Cuando el pobre don Guillermo llegó a casa de su familia, en Holanda, lo recibieron mal.

Nos contaba él que se había hospedado en casa de una hermana viuda. La mujer estaba muy pobre; don Guillermo, sin dinero y sin trabajo, llegó a acrecentar la pobreza. Contaba él que vivía recordando a Susana en medio de su soledad. Por las noches se iba a vagar por la playa del mar para recordar a Susana. Por todos los correos recibía Susana cartas de don Guillermo. Ella tampoco podía vivir sin él. En todas las cartas que ella le escribía, lo llamaba. Por fin un día ella —sin consultárselo— le consiguió con sus amistades un empleo de gerente en un club náutico, en El Tigre. Entonces, loca de alegría, llamó a don Guillermo: “Willy, vente en seguida, tengo una gran colocación, no te importe lo demás”.

Don Guillermo no pudo resistir, con la misma facilidad con que se había ido preparó el viaje de regreso. Decía, después, que fue tal la alegría que sintió, que se puso a saltar como un niño y pocos días después tomó el “Monte Olivia”, el primer barco que salía. Decía que en el largo trayecto —sobre cubierta— contaba los días y las noches pensando volver a ver pronto a Susana. Venía gozoso y feliz, le parecía demasiado largo el viaje. Al llegar a Río de Janeiro le envió un telegrama. No sospechaba, el pobre, lo que le iba a suceder.

Al llegar a Montevideo, a un paso de Buenos Aires, ocurrió la coincidencia de que un viajero alemán, sentado adelante de don Guillermo, en el vapor, leyera un ejemplar de “Argentinisches Tageblatt”, mientras el barco yacía atracado en el puerto. Decía don Guillermo que cuando él vio al hombre leyendo el diario, sintió una atracción muy grande, como si una mano misteriosa lo llamara allí. Y por encima del hombre, con descortesía leyó. Leyó la noticia de la muerte de Susana. El pobre don Guillermo le arrebató el diario al hombre, sin hablarle, quería estar seguro de lo que veían sus ojos. Después fue tan grande su dolor que intentó tirarse al mar, pero lo detuvieron. Los que lo conocían le preguntaban:

—Pero, ¿qué le pasa, don Guillermo? ¿Qué le pasa?

El pobre hombre, llorando como un niño, les ofrecía el diario. Todos los que venían a bordo se conmovieron. Susana había muerto esa misma mañana, había muerto de alegría, de un ataque murió, por el gozo de saber que regresaba don Guillermo...

¡Qué me dice!

# RUPERTA

Entre los inmigrantes europeos que vienen a Buenos Aires, se producen dramas curiosos. Dramas que por temor a la sanción social no producen los inmigrantes en sus ciudades de origen. Los inmigrantes en América se sienten tan libres que dan rienda suelta a sus íntimos deseos. Desechan costumbres y leyes que rigen la vida social y se manifiestan tal como son, con audacia.

Ruperta Romero, una buena mujer, puso en práctica su secreta ambición después que se encontró en América. La pobre mujer, estimulada por el concepto que tenía del nuevo ambiente, sacó garras de su timidez. Su actitud de inmigrante no fue; sin embargo, un propósito premeditado. El esposo acababa de perder su empleo en la compañía ferroviaria de Málaga, en Andalucía. Tuvo desavenencias con el jefe inmediato y perdió su empleo. No pudiendo encontrar más trabajo en iguales condiciones y siendo él hombre orgulloso, se vino a América. Se embarcó con Ruperta y dejó atrás a Málaga, la ciudad nativa. Venían como vienen estas gentes, sin más fe que la de sus brazos ni mayor estímulo que la ambición y el espíritu aventurero.

—Lo que más me atrae en América es conocer los indios —le decía ella.

—¡Caray —le respondía él—, lo que importa es el dinero! ¡Vamos a volver ricos!

Se embarcaron a bordo del vapor "El Argentino", de la compañía Ford, que entonces hacía la travesía, y llegaron a Buenos Aires 25 días después. Lorenzo, que así se llamaba el hombre, desembarcó con tan buena suerte que pocos días después había recuperado en la Compañía de Ferrocarriles del Sud la misma ocupación que tenía en Málaga, pero con sueldo triplicado. El problema económico quedó de hecho resuelto. No son muchos los inmigrantes que desembarcan con tan buena suerte. Lo que primero hicieron fue instalarse decentemente. Pasaron los primeros meses y lograron economizar buena parte del sueldo de Lorenzo. Ruperta, después de pasear por la gran ciudad, comprar trajes y respirar aire de libertad, se sintió feliz. Además, se sintió en América exenta de los convencionalismos sociales. Fue entonces cuando pensó en Alejandro, el marido de su hermana:

—¡Ah, si Alejandro estuviera aquí, en esta ciudad en donde nadie nos conoce!...

Al día siguiente, después de pensar mucho sobre el mismo asunto, habló con su marido:

—Lorenzo —le dijo— falta una cosa...

—¿Qué cosa? —le preguntó el marido tranquilamente.

—Estoy triste de vivir sola, te vas al trabajo y yo no conozco a nadie.

—Con el tiempo te harás de amigas —le contestó él.

—No, Lorenzo, lo que yo pienso es otra cosa. Nosotros ya estamos arreglados, podemos traer a Alejandro y a mi hermana. Alejandro encontrará trabajo, le podemos ayudar...

—Mujer —le contestó Lorenzo— tienen seis hijos...

—No importa —respondió la mujer—. Nacha puede traer al nene y dejar el resto en Málaga, con mi madre, mientras Alejandro encuentra trabajo...

Tanto insistió ella que Lorenzo accedió a que Alejandro y Nacha vinieran. Le escribieron una carta a Alejandro. Le contaban la buena suerte que habían tenido en América y los buenos jornales que Lorenzo ganaba. Finalmente le proponían que se viniera con el nene y Nacha, que después, cuando encontrara trabajo, mandaría traer a los otros hijos. Esta carta la escribió Lorenzo urgido por la continua insistencia de Ruperta.

Lorenzo Linares era un hombrecillo callado, trabajador, amigo de complacer a su esposa para que ella lo complaciera a él. Ruperta era una mujer impetuosa e inconforme, pero siempre una buena mujer. Físicamente ella era más alta que él. Lorenzo era trigueño, acaso tenía sangre de gitano. Era delgado, acostumbraba a almorzar con su vaso de vino y terminaba siempre con su cigarro. No tenía mayores vicios. Era un hombre "casero" que no salía más que al trabajo. Ruperta, aunque parezca extraño en una persona impetuosa y disconforme, era tímida. Su timidez probablemente no pertenecía a su temperamento sino a su educación. En España vivían las niñas encerradas y el poco roce social que tenían, las volvía tímidas. Ruperta no consiguió ser dueña de su temperamento hasta que vino a América. Su educación la desechó como traje que ha pasado de moda. Físicamente, Ruperta no era bonita ni era hermosa. Era simplemente una mujerona, más alta y acaso más fuerte que su marido. Era muy blanca, tenía cabellos y ojos negros. Nunca había tenido hijos y este pesar inaudito de madre defraudada en sus mejores ilusiones, la hacía sufrir. Era su queja de todos los días, especialmente cuando se encontraba con niños bonitos en la calle. La culpa, según ella, era de su marido. El marido, cínicamente, contestaba que la vida resultaba más barata sin hijos. Ella se indignaba ante el argumento de su marido. El, aprovechando cualquier pretexto, se iba a la calle...

Cuando Alejandro y Nacha desembarcaron, Ruperta se puso muy contenta. Venían, como se había dispuesto, únicamente con el nene. Ruperta y Lorenzo fueron a recibirlos a la Dársena Norte. Las dos hermanas se abrazaron con risas y lágrimas:

—¡Qué tal! ¡Qué tal! ¿Cuéntanos cómo quedaron mamá y papá?...

Se dirigieron después a la casa de Lorenzo y Ruperta, cerca de la plaza Constitución. Ruperta, desde el siguiente día, se encargó de mostrar a Nacha lo que ella ya conocía de Buenos Aires. Alejandro las acompañaba y pasaban todos muy alegres conociendo a Buenos Aires. Alejandro no tuvo la buena suerte de Lorenzo, había crisis accidental en el ferrocarril y no lo admitieron. Pero Alejandro no perdió las esperanzas de emplearse. Se informaba con los amigos de Lorenzo sobre oportunidades de trabajo, visitaba agencias de empleos y se valía de avisos de periódicos. Ruperta se iba con Nacha a Palermo, al Parque Japonés y hasta El Tigre... Pero en las noches, Ruperta solamente paseaba con Alejandro. Nacha se ocupaba de dar leche y de acostar al nene. Lorenzo volvía muy tarde del trabajo o se ausentaba por varios días.

En la calle, cuando preferían caminar a pie, Alejandro agarraba fuertemente del brazo a Ruperta y ésta se recostaba sobre el fornido pecho de él. Después tomaban un tranvía y se sentaban con los cuerpos muy unidos. Generalmente regresaban muy tarde, cuando ya Nacha se había recogido en su cama. Pero un día Nacha notó, mientras comían los cuatro, que Ruperta se cruzaba miradas furtivas con Alejandro. Ella quedó muy sorprendida y le pareció que era una sospecha absurda. Después volvió a notar lo mismo, quedó convencida y en vez de hablar con ellos, se puso a llorar.

Alejandro consiguió por fin un empleo. Iba a trabajar como portero, en una casa de alquiler. Nacha quedó contenta, pero ese día y al día siguiente no volvió Alejandro. Lorenzo que se preocupó tanto como Nacha, salió a buscarlo, pero no lo encontró. Después fue a las comisarías de policía, pusieron un aviso en un diario, pero tampoco apareció. Al tercer día desapareció Ruperta. Entonces Nacha sospechó que se habían ido los dos juntos...

Alejandro Murillo era un hombre alto y fuerte. No tenía más defecto físico que una pequeña cicatriz en la cara. Cuando niño mientras jugaba con otros niños, cayó en una barranca y al resbalar sobre una roca, una piedra de cuarzo se le hundió en la mejilla. Tenía un tipo moreno y simpático de español. Reía con gracia, demostrando ingenuidad y buena salud. Tenía la gracia y vivacidad del andaluz, conversador, chistoso, y, además, buen tocador de guitarra. Aunque padre de seis niños, siempre mantenía buen carácter y los años pasaban sin que él envejeciera.

Menos laborioso y trabajador que Lorenzo, había ganado dinero, sin embargo, toda su vida. Siempre había mantenido a su esposa y a sus hijos. Ignacia o Nacha, la esposa de Alejandro y hermana de Ruperta, era una mujer bonita, frágil y rubia. Tenía parecido con Ruperta en cierto gesto peculiar de la boca y en la forma ovalada de la cara. Pero la desemejanza de ellas era mayor que su parecido. Ruperta, como ya dijimos, ni era rubia como su hermana Nacha, ni frágil como ésta, sino una mujerona de cabellos negros. Un buen observador de fisonomías podría distinguir el parentesco, pero solamente un buen observador.

Nacha estuvo convencida desde el primer momento, que Ruperta y Alejandro habían huido juntos; se lo confió a Lorenzo. Lorenzo no quiso creerlo. El, sin la intuición de la mujer, jamás tuvo la menor sospecha de que Alejandro y Ruperta tenían relaciones amorosas. Entonces Nacha se dirigió a casa de doña Virginia Jiménez, una rica paisana de Málaga, en cuya casa trabajaba Ruperta como sirvienta. Ruperta se había empleado de sirvienta sin el consentimiento de la familia. Lorenzo la había reprendido mucho, le había dicho que esas no eran las costumbres de Málaga y todos en la familia se sorprendieron de que Ruperta fuese a trabajar de sirvienta. Lorenzo había pensado que siendo un capricho, su mujer abandonaría pronto el empleo y volvería al buen camino. Sin embargo, no fue así;

desempeñó el empleo de sirvienta con tan buena eficacia e interés, que la misma doña Virginia se manifestaba sorprendida y satisfecha.

Cuando Nacha llegó a casa de la patrona de Ruperta, le dijo:

—¿Usted es doña Virginia Jiménez, la patrona de Ruperta?

—Yo soy —le contestó la señora—. A usted le hallo parecido con Ruperta...

—¡Cómo no nos vamos a parecer si tenemos los mismos padres! —le contestó con seriedad Nacha.

—¿Deseaba hablar con Ruperta? —le preguntó la señora.

—No, no, señora. Con quien deseo hablar es con usted. Quiero decirle que usted tiene aquí en su casa a una mala mujer, una pérfida mujer. Que esa mujer es tan mala que me ha robado mi marido, el marido de su hermana... ¡Me ha dejado sola con seis hijos, señora! ¿Se da cuenta? Me conquistó a mi marido, que siempre fue tan bueno conmigo. ¡Ay, señora, usted tal vez puede ayudarme...! Pueda convencerla... Señora...

—Pero, ¿es eso cierto? —le preguntó doña Virginia—. Pero si Ruperta me parece una buena mujer. Siempre la veo tan hacendosa, trabajadora y sobre todo con tan buenos sentimientos... ¡Ay, qué cosas tan feas las que pasan en estos tiempos!... Ruperta nunca me ha contado nada de eso. Lo único que me dijo fue que ella era casada, pero eso fue todo. Me dijo que tenía un marido. Yo misma muchas veces oía, después de la cena, que silbaban abajo, en la calle. Ruperta se ponía nerviosa y poco después se iba a la calle. Noté que un día salió con un paquete bajo del brazo y la interrogué. Es comida para mi marido, me respondió. Yo no soy tacaña con la comida y la dejé irse nomás. Luego, desde mi ventana, vi que salía con el hombre del brazo y esto pasó muchas, muchas veces...

—Ese hombre que usted vio es mi marido, señora, esa mujer infame me lo ha robado. Ay, señora...

—Pues yo le voy a hablar a Ruperta —agregó doña Virginia— cuando venga. Anda en la calle...

Esa misma noche, cuando Ruperta regresó, doña Virginia la llamó y le dijo...

—Ruperta, me has dicho que eres casada... Aquí estuvo tu hermana y me ha contado una cosa muy fea, muy fea que apenas se puede creer...

—Ay, doña Virginia de mi alma —le respondió Ruperta tirándose de rodillas en el suelo— haga conmigo lo que quiera, lo que quiera, pero no me pida que me separe de Alejandro... Yo comprendo que he hecho una cosa muy mala, pero es que ese hombre me tiene trastornada, doña Virginia, yo creo que me ha hecho un maleficio o me ha dado un brebaje, prefiero morirme antes que separarme de Alejandro... Los dos nos queremos mucho, doña Virginia, es imposible, es imposible, no nos separaremos ¡nunca, nunca, nunca! El vino de España porque me quería...

Doña Virginia no salía de su sorpresa. Le parecía mentira que aquella mujer reconociendo su falta insistiera en no repararla. "¿Quitarle el marido a la hermana, a la pobre hermana con seis hijos, en un país extraño?... ¡Qué egoísmo en no querer sacrificar su fea pasión en beneficio de la pobre hermana con hijos!... ¡Pero si Ruperta me pareció una mujer con un corazón de oro! —se decía doña Virginia llena de estupor. ¡Qué cosas se ven en este mundo! ..."

Como es natural, doña Virginia no perdió las esperanzas y aconsejó a Ruperta que su deber era separarse de Alejandro. Le habló de Dios, le habló de la religión, le habló de los deberes para nuestros semejantes, etc. Además, le hizo una pintura magnífica de cómo es el cielo y de cómo es el infierno, le habló elocuentemente del paraíso de los buenos y de los arrepentidos. Después le habló del purgatorio de los pecadores. Le habló con mucho sentimiento y con mucha elocuencia de la magnitud de su pecado. Le dijo que era una cosa horrible y criminal ante los ojos de Dios. Le habló elogiosamente de la bondad, del sacrificio y del perdón. Le dijo que su culpa aún tenía remedio. Le habló de la tentación y de los vicios de la carne como cosas indignas de las almas santas y puras.

—Ruperta —le dijo— tu pecado todavía tiene remedio. Yo sé que tú eres una muchacha de buenos sentimientos. Trata de no volver a ver a Alejandro. Con él nunca podrías ser feliz. Alejandro es el marido de tu hermana y Dios los habrá de castigar a donde quiera que vayan. Ruperta, hijita, por el amor de Dios, ten lástima de tu pobre hermana, y vuelve sobre tus pasos.

Ruperta escuchó el largo discurso de doña Virginia sin decir una palabra, pero cuando la buena señora concluyó de hablar, se paró y dijo:

—Gracias, señora, por sus consejos, pero no los necesito. Alejandro nunca ha querido a mi hermana, siempre me ha querido a mí, yo también lo quiero. Nos vamos a ir a vivir juntos y vamos a ser felices porque Dios no castiga a los que se aman de veras...

Los padres de las dos mujeres —al tener noticia de lo que pasaba—, se sorprendieron, les parecía imposible y estuvieron a punto de embarcarse para América, pero se conformaron con escribir cartas a Ruperta. Ruperta no contestó a los padres.

De manera que ni la intervención de doña Virginia, ni la intervención de los ancianos padres, pudieron hacer volver sobre sus pasos a Ruperta y Alejandro.

Poco después a Ruperta le nació un niño; el niño que echaba de menos en su matrimonio...

www.ingramcontent.com/pod-product-compliance
Lightning Source LLC
Chambersburg PA
CBHW020844150726
48196CB00002B/208

* 9 7 9 8 8 9 2 6 7 6 1 1 3 *